U0128248

大同日照叢書
02

吳文正等

著

妙手畫話人生

大同福樂學堂
家民生活素描

巨流圖書公司印行

序

　　由高雄市立大同醫院經營的大同福樂學堂於 2017 年出版第
一本記錄學堂從無到有的《光和日照大同》獲得市場廣大的迴響
後，今年再接再厲出版第二本有關「全台灣唯一與現存校園共同
存在的日照中心」的紀錄冊，以學堂裡的學員為主角，從學員們
的人生故事出發，進而描述罹患失智及來到學堂上課前後的改
變，希望能藉此讓民眾知道，失智症患者不應該孤立任其惡化，
在專業醫學的治療控制，及綜合其他專門學科雙管齊下的治療之
下，讓不可逆的失智症也能進步，並恢復一些原本的生活技能。

　　大同福樂學堂是突破很多法規限制，在艱難中成立的日間照
顧中心，大多數學員為失智症長輩，同樣病症的族群在一起學
習，課程安排能因病而異，才能夠達到對症下藥治療的效果，透
過腦力激盪、手作、藝術創作等，再加上高雄醫學大學的職能治
療、物理治療、運動醫療以其社工專業醫護人員進駐，讓學員能
接受專業的訓練來延緩惡化，未來將再就單一族群上的經驗，成
立綜合型的日、長照中心。

以大同福樂學堂來說，學員有各自的生活背景，男女學員投入課程的習性也不盡相同，就我們的觀察，女性一般較為合群，也較能接受老師的帶動，雖同為失智病人，女性較能對症治療、互相影響，一同進行動腦、動手、動腳等互動行為，學員不僅不會因為病症的不同產生歧視感，還能配合各項專業人員的治療，達到醫病合作的最大效益。

高雄市立大同醫院院長吳文正

　　目前大同醫院已成為與現有校園共存日照中心的示範點，國內外來取經的團體相當多，但要能完全複製卻不容易。當時設立成功確實為天時、地利、人和──大同醫院不惜成本、高雄市政府傾力支持，即便如此，也是經過多方磨難、突破法規限制，才有一線曙光。時至今日，相關政策仍然窒礙難行，社政、醫政礙於法規，步調不同，即使現有

大同福樂學堂模式可遵循，要再有第二個福樂學堂確實也相當困難。

　　大同醫院已著手尋找第二、第三個設置地點，希望能為社區民眾再設立日長照中心，且不再只針對失智症，而是以綜合性病患為主。但綜合性病患的收治需大場域的搭配，才能夠真正對症設計課程和治療，期待中央及地方政府能夠正視老齡人口的問題，整合政策鬆綁法規，讓有意願的醫療院所投入跟進，唯有醫療院所的挹注，才能讓日長照中心的治療達到最好的效果。於此同時，大同醫院也願意秉持回饋社會的想法繼續努力。

高雄市立大同醫院 院長 吳文正

　　《妙手畫‧話人生》的出版想法在《光和日照大同》付梓之後，《光》書記載大同福樂學堂從發想、申請、溝通、協調至成立的過程，書中清楚記錄大同醫院努力的足跡，讓社會各界能從文字中更了解籌設過程可能遭受的處遇，並有依循的方向，減少耗費冤枉路的時間與金錢。

▌高雄市立大同醫院副院長吳登強

《妙》書不再以政策為主，而是以福樂學堂裡的學員為主角，由失智長者的人生歷程串起，呈現在福樂學堂中接受治療的成果。不論是否罹病，長者最需要的就是快樂，在學堂裡有專業的社工、照服員、醫護人員及治療師，不論是藝術課程、懷舊治療、職能治療或運動醫學等，課程設計都希望長者願意融入、願意動手一起做，而不是「豢養」長者，擔心危險而不願放手。福樂學堂多樣的課程設計能讓長者在快樂中學習，也能藉此再找回逐漸失去的生活技能，長者的進步，家屬是很有感的。

　　福樂學堂設置在大同國小校園中，最重要的目的是希望能達到老幼用學，106 學年起大同國小已將老幼共學納入正式課綱中，讓失智長輩能從孩子的天真活潑中找回年輕時的活力；孩子與長輩一起活動中，從中觀察長者、理解長者，進而能善待長者。對於目前社會上普遍小家庭中成長的孩子來說，在校學習與長者相處，並能使用學校習得理解體諒長者的心情、心態來對待自己的阿公、阿嬤，已是小家庭與現有校園課程中難能學得的課程。我們曾獲得校方回饋，曾有比較以自我為中心的孩子，在老幼共學課程後，變得較會關心他人，所以我們認為這條路雖然艱辛，但仍是正確。

　　福樂學堂的籌設成功、運作順利，為大同醫院全體同仁的努力及院長吳文正的全力支持，這是一份公益性質較重的志業，也

是大同醫院刻正戮力的方向——因人口老化已經成為全世界不可忽視的問題，希冀能有更多有志之士投入日、長照的行列，讓長者能夠安心學習、安心養老。

高雄市立大同醫院 副院長 吳登強

全台首創在現有校園與學童共學之日間照顧中心

中文名稱	大同福樂學堂
英文名稱	Full-Love Daycare Center
經營團隊	高雄市立大同醫院（委託高醫經營）
成立時間	2018.08
容額	30 名
合作單位	高雄市大同國小 社團法人高雄市失智症協會 社團法人高雄市大同健康照護協會
支援單位	高雄醫學大學產學營運處 高雄醫學大學運動醫學學系 高雄醫學大學物理治療學系 高雄醫學大學職能治療學系 高雄醫學大學護理學系 高雄醫學大學醫學社會學與社會工作學系 南山人壽
特色	全台首創與現有校園學童共學之日間照顧中心 衛政、社政與教育結合之典範 以老幼共學為發展目標 智慧生活產學合作 在地老化、在地安老 翻轉校園空間
相關書籍	《光和日照大同：老幼共學的大同福樂學堂》

▍ 大同福樂學堂經營團隊 ▍

經營團隊照片圖說

　　大同福樂學堂由大同醫院團隊經營，分別由（前排左起）高專陳益良、副院長羅永欽、院長吳文正、副院長吳登強、醫秘陳芳銘、（後排左起）家醫科主任戴書郁、社會服務室主任謝文蒨、秘書陳麗琴、神經科主任楊淵韓、復健科主任陳天文、秘書林昆德、社區健康發展中心主任黃仲平及管理室主任黃建民共同督導，帶領大同醫院醫事、行政團隊共同運營福樂學堂。

目次 —————— Contents

序｜大同醫院院長／吳文正　　003

序｜大同醫院副院長／吳登強　　006

大同福樂學堂小檔案　　009

失智症照護 沉重的社會議題／楊淵韓、戴書郁　　012

失智長者的美勞作業 以復健模式介入老年失智病人
　／陳天文、蔡秋瑾　　022

豆腐起家六十年 生性淡泊樂天知命・林文　　028

優美高雅氣質脫俗 高齡仍不減風采・林阿嬤　　038

勤學不倦 主動力行上學去・邱梅花　　044

巧手裁縫獨具匠心 專注堅持不遜讓・范殷秀錦　　054

與世無爭哲學觀 隱身不強出頭・翁一峰　　066

船長遊歷世界 見識豐富廣博・莊訓化　　074

大裪衫界能手 與夫同行過美麗人生・陳林時子　　080

委託行幹練老闆娘 作品風格別有滋味・傅廖秋蘭　　090

浮生一夢 笑忘婚變不愉快・黃丸子　　100

神奇多變的學習領導師・鍾燕惠　　110

 失智症照護　沉重的社會議題

高雄市立大同醫院神經內科主任　楊淵韓
高雄市立大同醫院家庭醫學科主任　　戴書郁

隨著人類的壽命愈來愈長，所面臨的慢性疾病也將更多元，失智症成為人口老化必須面臨的課題之一。雖然失智症是不可逆的疾病，但經研究顯示，多重性課程訓練有助於減緩輕度失智症者之認知功能退化。大同福樂學堂由高雄醫學大學各學系教師及高雄市立大同醫院主治醫師群共同設計及規劃課程，以輔助輕度失智與失能的銀髮族能健康生活為主，智慧生活為輔，讓失智長輩仍能享有尊嚴及快樂的晚年。

壽命延長　失智症成為老人醫療主要課題

20 世紀開始因著重衛生環境改善、兒童死亡率降低、抗生素及其他藥物研發、傳染疾病獲得控制幾個因素，使世界各國人口的平均壽命（Life expectancy）普遍提高，並以心血管疾病、癌症及意外事故為主要死亡原因，屬於「退化及人為疾病」

（Degenerative and man-made diseases）時期；同時，因平均壽命延長、嬰兒出生率降低、老年人口比例隨之提高，壽命的延長也意味著更多慢性疾病的盛行，導致身體殘障與功能喪失，主要的疾病型態也轉變為「延遲退化性疾病」（Delayed degenerative diseases），其中知能退化——失智症，更是目前老人醫療的主要課題。

世界衛生組織（WHO）於 2015 年 3 月首度召開部長級失智症會議，指出全球約有 4,750 萬名失智症患者，且以每年增加 770 萬人的速度成長，也就是每 4 秒鐘就有一名新罹病者；而失智人口數每 20 年成長一倍，2050 年將超過 1 億 3,550 萬人。

依衛生福利部 2011 年委託台灣失智症協會進行之失智症流行病學調查結果以及內政部 2017 年 7 月人口統計資料估算，台灣 65 歲以上老人共 3,192,477 人，其中輕微認知障礙（MCI）有 586,068 人，占 18.36％；失智症老人人口有 253,511 人，占 7.94％。也就是說 65 歲以上的老人每 13 人即有 1 位失智者，而 80 歲以上的老人則每 5 人即有 1 位失智者。

依此流行病學調查之結果，每五歲之失智症盛行率分別為：65-69 歲 3.40％、70-74 歲 3.46％、75-79 歲 7.19％、80-84 歲 13.03％、85-89 歲 21.92％、90 歲以上 36.88％，年紀愈大盛行率愈高，且有每五歲盛行率倍增之趨勢（如表一）。

表一　　五歲分年齡層失智症盛行率

年齡（歲）	65-69	70-74	75-79	80-84	85-89	≧90
失智症盛行率（％）	3.40	3.46	7.19	13.03	21.92	36.88

出處：衛福部於 2011-2013 年委託台灣失智症協會進行之失智症流行病學調查結果，以及內政部人口統計資料估算。

社團法人高雄市失智症協會理事長、大同醫院神經科主任楊淵韓

以 2017 年 7 月內政部人口統計資料以及上述五歲分年齡層的失智症盛行率計算估算，台灣失智症人口有 253,511 人，占 7.94％，2031 年失智人口將倍增至逾 46 萬人，屆時每 100 位台灣人有超過 2 位失智者；2061 年失智人口將逾 85 萬人，等於每 100 位台灣人有超過 5 位失智者——未來的 46 年，台灣失智人口數將以平均每天增加 36 人的速度成長。

早期發現及治療病情可緩解且減輕財政負擔

　　失智症病程延宕數年，隨著病情逐漸惡化，需要投注大量的醫療資源、人力及收容機構處理；曾有美國研究報告指出一位失智症患者全程照料約需花費 174,000 美元，乘上老年人口約為 5％的盛行率，平均每年要支出一千億美元。況且目前有效控制病情的藥物，也必須在疾病早期服用才有效果；因此，早期發現病情並加以治療，不但能使病患病情得到緩解，亦可為國家財政減輕負擔。

　　早期失智症——輕度知能障礙（Mild Cognitive Impairment, MCI）這個名詞最早見於 Reisberg 等人所研發老人整體退化評估量表（Global Deterioration Scale, GDS）之第三級變化，這一級病人面臨較為複雜的工作任務或社會環境下會產生問題，但簡易之日常生活並無影響。

　　MCI 病人每年約有 10％至 15％轉變成失智症，遠超過正常

對照組的 1%到 2%，因此，MCI 可視為退化為失智症的過渡期，或是危險因素，MCI 常是老年失智症的前驅表現，雖然患者於日常生活自理上沒有問題，但記憶力卻已經出現障礙，基於早期發現治療的原則，希望能找出這些高危險族群，並採用適當介入治療，期待能延緩其認知功能之退化速度。

此外，失智老年族群的照顧者，因長期處於高壓狀態，亦會容易有情緒、認知功能與免疫功能的問題產生。已有文獻顯示，這些照顧者有較高的發炎生化指標、較差的細胞免疫，照顧者亦常被認為有較高風險得到壓力相關的疾病與整體健康衰退，若藉由適當的介入治療來減緩這些壓力與不適，改善其情緒與身體狀態，是全球公共衛生相當重要的議題。

失智症可藉由藥物及非藥物治療達到延緩惡化

一、藥物治療

(一) 在治療阿茲海默症的藥物主要有乙醯膽鹼脂酯抑制劑及 NMDA 受體拮抗劑乙醯膽鹼脂酯抑制劑

1. 憶思能（Exelone®）健保局核准可以使用在輕、中度的阿茲海默氏失智症病人，劑型有四種膠囊（1.5 mg、3mg、4.5mg、6mg）等不同劑量、且有水溶液及最近引進的貼片劑型。最近憶思能更被核准使用在巴金森氏症合併失智症（Parkinson`s Disease

Dementia）。

2. 愛憶欣（Aricept®）為台灣較早上市的藥物，目前以錠劑為主，有 5mg、10mg 兩種劑型。除了使用在輕、中度的阿茲海默氏失智症病人，目前健保局也核准使用在重度失智症的患者身上。

3. 利憶靈（Reminyl®）目前為膠囊劑型，為一種長效型藥物，有 8mg 及 16mg 兩種劑型，也使用在輕、中度失智症患者身上。

（二）NMDA 受體拮抗劑

憶必佳（Ebixa®）及威智（Witgen®）等廠牌為 10mg 錠劑，健保局規定使用在中、重度的病人身上。另外，其他藥物包括抗精神病藥物、抗憂鬱劑等藥物是用於改善患者的精神行為症狀，例如妄想、躁動、睡眠障礙、憂鬱等。

二、非藥物治療

除藥物治療之外，非藥物治療也是改善失智症患者精神行為症狀很重要的一環，可以穩定病人生活功能性及延緩病程進展、改善行為及精神症狀、促進認知功能，以及增進病人及家屬的生活品質。如認知功能的訓練、懷舊治療、體能強化訓練、藝術治療、音樂治療、肢體按摩等等。

　　大同福樂學堂課程規劃以輔助輕度失智與失能的銀髮族能健康生活為主，智慧生活為輔，課程內容包含心智訓練（Mental training），體能訓練（Physical training），社會參與（Social engagement）與智慧生活（Smart living）等，由高雄醫學大學各學系教授教師及高雄市立大同醫院主治醫師群共同設計。

　　經研究顯示多重性課程訓練有助於減緩輕度失智症者之認知功能退化，一般心智訓練課程含太極拳、書法、桌遊及繪畫人生等；此外亦設計音樂治療課程，依據世界音樂治療聯合會（World Federation of Music Therapy）的定義，透過音樂和它的元素（聲音（Sound），節奏（Rhythm），旋律（Melody），和聲（Harmony））之專業使用，當作一種介入方式應用在醫療、教育和日常生活環境中，對象包含個人、團體、家庭或社區，以尋求優化其生活品質並改善體能、社會、交際、智能和精神層面的健康與幸福感，換言之，就是透過聽覺刺激大腦及其神經生理系統的運作，進而達成生理、心理與認知等層面的反應效益。

　　音樂治療應用在失智症的臨床治療及照護研究上已有十多年的歷史，早自 1995 年 Tabloski 等學者，使用帕海貝爾的卡農寧靜性樂曲（Calming music of Pachelbel's Canon）在護理之家的失智症住民上，發現在減少激動不安的行為方面，是有效的策略方法；1998 年 Johnson 等學者在一對雙胞胎阿茲海默症病人研究

中，讓其中一人聆聽一段莫札特鋼琴奏鳴曲（Mozart piano sonata），前後做空間及時間性推理相關測驗（Spatial-temporal reasoning），發現聽音樂者有較好的成績表現。而高雄醫學大學附設中和紀念醫院神經科的失智症研究團隊，在近幾年的臨床個案對照研究中也發現，為期六個月的西方古典音樂對於抽象思考力（Abstraction）以及三個月的醫學共振療法音樂（Medical resonance therapy music）對於整體生活品質是有顯著效益。

此外，大同福樂學堂也著重懷舊治療（Reminiscence therapy），又稱懷緬治療，是藉由對過去事物及經驗的回憶而達

大同醫院家醫科主任戴書郁

到緩解病情的一種治療模式。英國著名失智症懷舊治療專家愛洛琳布魯絲（Errollyn Bruce）認為，懷舊是回想與分享個人人生經歷的過程，可透過團體懷舊過程，鼓勵並支持老人的人際互動，多數老人都喜歡緬懷過去，也很愛談往事，這種對生命的回顧是正常老化過程的一部分，懷舊治療鼓勵老人有組織地回想、討論並分享過往的事情及經驗，無非是增加自己的信心、自尊，進而減輕憂鬱情緒，緩解病情並維持老年人身心健康及生活品質。

除了心智訓練課程外，高雄醫學大學物理治療學系、職能治療學系及高雄市立大同醫院復健科專業團隊亦一週兩次至大同福樂學堂進行體適能課程、遊戲及桌遊活動。經研究顯示多參與社交活動可降低罹患失智症之風險，其相對風險下降4成；而孤單的人罹患阿茲海默症的風險增加2倍以上。

與一般日照中心較為不同的是，大同福樂學堂帶入高雄醫學大學產學合作中心的智慧生活（Smart living），指導日照中心的銀髮長者於日常生活中，結合應用各種科技輔助，例如適合高齡者使用的科技產品、系統、服務，乃至於生活環境，使得生理機能漸趨衰退的高齡者仍然能夠健康、舒適、安全地享受生活，同時提供子女、家人及專業醫護人員更方便、更有效率的高齡者照護工具，減少高齡化社會生活支援與健康照護問題。

失智症者照護是困難的，在面對無法預測病人行為時，照護人員不論是在精神上或身體上都背負著沉重的壓力，負擔極大，

除了需理解被照顧者出現的行為及情緒表現，也要給自己心理建設，並找到適當的紓壓方式。因此，針對大同福樂學堂的家屬，學堂一年舉辦兩次照護技巧訓練課程，利用大同醫院教學研究中心的 OSCE 教具教導家屬在家日常照護技巧，以減少家屬的照護負擔與惶恐不安。

失智長者的美勞作業
以復健模式介入老年失智病人

高雄市立大同醫院復健科主任　陳天文
高雄市立大同醫院復健科職能治療組組長　蔡秋瑾

　　大同福樂學堂透過藝術及懷舊課程讓學員們創作出多樣的美勞作品，失智長者的美術勞作是運用藝術創作及感官刺激給予病人一個活動參與的機會，希望病人在活動參與中能夠延緩認知功能的退化及增加團體的互動。

　　失智症的病程大約為 8 到 10 年，甚至可能長期達到 20 年，不管對家庭或是社會都是沉重的負擔，目前在醫療上尚未產出很有效的失智症藥物治療，因此如何延緩失智症的進展就是復健的一個重要課題。

　　隨著人口逐漸老化，越來越多長者出現老化症狀，如記憶衰退、講話變鈍、注意力變差，甚至常有個性上的改變——像是變得較冷淡或是易怒，這些都可能是智能障礙的變化。初期智能障礙者在一般日常生活作息皆尚可以應付，但是處理較複雜的事務可能會出現能力不足的現象，當自己或是家人察覺有這些變化的

時候，就需要接受完整評估，以利早期發現失智症的傾向。

　　失智是一種逐漸神經退化的疾病，常伴隨有高血壓、糖尿病、憂鬱症，輕度知能障礙者是失智的高危險群，每年會有 18-20％輕度認知障礙的人會演變成失智症，早期發現輕度智能障礙，改變生活形態或控制危險因子，如高血壓、糖尿病、憂鬱症等，則可以延緩失智症的發生。

　　失智症者的復健是以人為主，每位長者都有其獨特的生命歷史及不同的生理退化情形需要考量，同時也有個別的疾病問題需要處理，因此，在做失智症的復健尤其需要考量老人整體的表現及環境的感官刺激反應，需要整體性的評估及處理認知上的障礙，並且針對個別疾病可能引起的問題提出解決方案。除了針對其生活功能進行安全性、獨立性的評估之外，也針對病人的興趣、生活史、居住環境、家屬需求等，進行瞭解及評估，希望病人能夠自我照顧，確認病人及其家庭最需要解決的生活障礙，給予訓練與改善。

　　失智症者雖然功能下降，但是多做一些活動參與仍然可以保存較佳的功能。每位患者個別差異性大，因此瞭解個別患者的能力，像是會做什麼、想做什麼，也比較容易設計出讓病人能夠積極參與的活動。目前在實證上有效的治療活動，如懷舊治療、運動、音樂及藝術活動等，都可以讓病人促進認知與行為適應，也可以提升病人的動機與改善情緒。

陳林時子專注勞作

傅廖秋蘭專心創作

妙手畫 · 話人生：大同福樂學堂家民生活素描

治療的目標是增加失智者活動參與及與環境互動，延長對活動的注意力及持續度，避免白天四處遊走及昏睡，減少問題的發生。設計活動時要考慮失智者本身的生活經歷、生理心理狀態及參與活動所需要的基本能力，如認知能力及手部功能。活動可針對病人不同的狀況及能力，設計不同功能的訓練，例如可以簡化活動的步驟，讓病人易於完成，增進自信心；或設計需與他人協同合作完成活動，以增進互動的機會。

邱梅花作業完稿

大同福樂學堂失智長者的美術勞作，是運用藝術創作及感官刺激給予一個活動參與的機會，希望他們在活動參與中能夠延緩認知功能的退化及增加團體的互動，但是需要避免

翁一峰展現作品

▌大同醫院復健科主任陳天文

▌大同醫院復健科職能治療組
組長蔡秋瑾

讓病人覺得無趣、幼稚或是太複雜，因此融合懷舊及日常元素，讓作品更貼近病人們的記憶及生活，同時兼顧安全性、提升在活動中的創造性和成就感。期望能夠活化大腦及給予他們在活動上的類化、能與人分享所遭遇到的問題，最後希望能夠主動尋求協助，透過這些活動能減緩認知退化速度，增加人際互動及生活參與的可能性。同時也期待家人也能參與而學習到更多照顧的知能及資訊，家人也可以在遇到問題時知道尋求協助及減輕照顧負擔。

就像是一個美勞作業，只有在動手做的過程中才能夠真正瞭解失智者功能上的問題，需要什麼樣的幫助，在整個活動中失智症者練習尋求有趣及有效的方式解決問題的瓶頸，同時也希望完成後的美勞成品不只是一幅畫或是一個手工藝品，更是能體現它們人生的一部分。在帶領的過程中，也期許失智長者能夠學習到專注力、樂趣，也帶給家庭及失智長者繼續與其他人互動且生活下去的生命勇氣。

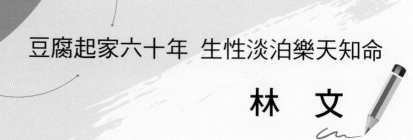

豆腐起家六十年　生性淡泊樂天知命

林　文

不知道是不是做豆腐近 60 年的關係，讓林文的個性也有點軟軟的、懶懶的，在大同福樂學堂裡，他的愛睡覺是出了名，經常得要照服員輕輕叫醒他，被叫醒也不生氣，他說，「人家叫就起來，人家說上課就來上課，傻傻的來這裡也是很快樂。」

　　林文的媽媽在他小時候因緣際會與人合作豆腐生意，在國小畢業後他也順其自然學做豆腐，長大後還與人合資成立豆腐公司，是目前世面上相當知名專賣豆腐、愛玉的公司，公司位於高雄市大樹區，雖然退休已久，林文現在有空仍會回去公司看看。社工鍾燕惠說，林文經常幫大同福樂學堂加菜，各式的豆腐、愛玉讓學員們吃得相當開心；林文說，吃豆腐對身體很好，豆腐也很好吃，不論是煎煮炒炸、煮湯都很好吃，他一輩子都在吃豆腐，而且都吃不膩。

　　受日本教育的林文，在談吐中經常會出現日文，頗為懷念小時候是日本殖民的時代，因為對日本的好感，所以家族旅遊也多數到日本，他覺得去日本好像回到自己家，不但語言可以暢通，食物又好吃，說著說著就又講出一連串的日文，彷彿沉浸在小時候的美好時光。

　　身材相當高大的林文在大同福樂學堂裡很愛與照服員及社工鍾燕惠「鬥嘴鼓」，幽默的反應有時候讓大家都笑翻。其實，年輕時他在豆腐方面的手藝很受肯定，並經常協助同業解決問題，因此曾擔任過高雄市豆腐工會理事長。林文說，當理事長沒什

林文與女兒林淑卿開心合影

麼，就是開開會、聽聽大家的意見、解決大家的問題，讓同業們豆腐生意能愈賣愈好，輕描淡寫中也能體會到他當年的意氣風發。

　　或許因為做豆腐也是要雕塑、整型的技藝，林文在手捏黏土的表現相當出色，鍾燕惠拿出林文的作品笑說，林文就愛捏妖魔鬼怪。原來，拿出來的作品是一尾「蛇」，活靈活現的彎曲身體，還有一雙很大的黑眼睛，問他很喜歡蛇嗎？他笑說，也不是說很喜歡，而是蛇曾經給他很大的驚嚇，印象太深刻了。

　　原來，林文小時候在家旁的空地跟朋友「灌斗貝（蟋

女兒林淑卿逗笑林文

蟀）」，朋友們合作一次灌了好幾個洞，在等待斗貝出來時，突然跳出來一尾蛇，大家看到嚇得四處逃竄，那尾蛇也被他們嚇到快溜，人和蛇互相都嚇到各自逃跑，很好笑，也讓他印象很深刻。所以當要捏動物時，他就想到小時候那尾被他們灌出來的蛇，隨手捏捏就捏出來一尾扭動身軀像是逃竄的蛇，而且一節一節捏得活靈活現，也許因為好玩的印象，蛇大大的眼睛不僅不可怕，還表現出很無辜的樣子。不過，最後林文還補了一句，蛇肉很好吃喔！

林文並沒有相關的藝術背景，但手很巧，想像力也豐富。像

他畫房子，畫自己住的家，家門前還有一條小水溝，水溝旁還有大樹；而撿來的石頭上，因為感覺很像一棵樹，他就在石頭上畫上綠色的枝葉；所有的藝術課程中，他最愛寫書法，因為以前沒寫過，大同福樂學堂學寫書法讓他心情很好，字也寫得很漂亮。

　　23 年次的林文已經 84 歲，他說，小一歲的老婆很好，就是個老來伴，兒女也都很孝順，會照顧他們，活到現在，每天有得吃有得睡就好，雖然已經記不住很多事情，也沒什麼關係，反正就不要想太多，每天吃飽飽、睡飽飽，一天過一天直到老死，也是很快樂。

　　林文講話時總是講幾句就低頭閉目，也總是想睡覺，就連上課時也不例外，他自己知道總是想睡覺，所以現在都不敢開車，因為會邊開車邊打瞌睡，相當危險，家人早就不讓他自己

開車了。他說，退休之後兒女會帶著他和老婆四處玩，也經常出國，但只要待在家都沒什麼事做，一有時間就睡覺，睡到都傻傻的，很多事情也都不記得了。後來兒女要安排他到大同福樂學堂上課，他也就來看看，在這裡認識很多朋友，每天都可以開心聊天，上課也很有趣，每天時間都過得很快，所以早上時間一到就想過來，這裡是好「所在」。

| 父親個性溫和　全家愛逗笑 |

「爸爸的個性很溫和，很多事情都要人服侍好好的，即使要他自己做也都隨便做做」，林淑卿口中的爸爸林文，完全符合他在大同福樂學堂的慵懶形象，不過，林家兄弟姐妹和父母的感情相當緊密，對於懶懶的爸爸完全包容，大家就盡量做，老人家開

林文創作作品

心就好。

　　其實，林文小時候的生長環境就是爸爸比較軟弱、媽媽比較強勢。林淑卿說，以前幾乎都是阿嬤在撐持家計，賣布、養豬等工作都做過，直到遇到家裡做豆腐的朋友，因緣際會下跟著一起學做生意，家裡的經濟才比較穩定。爸爸林文也在小學畢業後跟著學做豆腐，並以此成家立業，現在弟弟和妹妹也都在豆腐公司任職，軟軟的豆腐撐起了林家三代的生活。

　　林文雖然與朋友合資開設豆腐公司，但他只是單純當股東，並未到豆腐公司任職，而是在自己家裡開設豆腐店，每天早起做豆腐、送豆腐，算是豆腐界的大盤商。隨著年紀愈來愈大，每天早起做豆腐、騎摩托車送豆腐的工作卻成為一大負荷。林淑卿說，爸爸在 1994 年，也就是 60 歲的時候，一天趕早送豆腐的過程中被車子撞傷，緊急送到醫院急診室，傷重到差點截肢，在醫院搶救治療好幾個月後才保住性命，也免除截肢的命運，遭此一劫後，爸爸就退休了。

　　退休養病的林文，在 1999 年又因為心臟病開刀，當時家人以為他可以自理，所以都讓他自己吃藥，卻偶然發現，林文的藥都沒有吃。林淑卿到醫院翻閱就診紀錄，爸爸都有就診，也有領藥，但藥拿回家卻吃得有一搭沒一搭，導致血壓的狀況一直都沒有改變，也就因為當時的發現，才察覺爸爸其實已經有點失智狀況，但並沒有太嚴重，而後開始由家人提醒爸爸按時吃藥，身體

狀況才逐漸穩定。

在林文健康好轉後，林家4個兄弟姐妹每年都安排全家族出國，主要以爸爸喜愛的日本為主，幾乎每年至少會去一趟。另外，澳洲、馬來西亞、峇里島等，也都有林家的足跡。林淑卿說，家族的情感很緊密，孫子輩也都很孝順阿公、阿嬤，像她的兒子只要回阿公家，都會跟阿公聊天開玩笑，或許因為這樣讓爸爸這十多年來雖有失智狀況，卻沒有持續惡化。

林家父母主要照顧者是同住的林淑卿妹妹林淑文，但隨著父母年紀愈來愈大，媽媽也患了重病，林淑卿在2年前申請退休，協助妹妹照顧父母。林淑卿說，妹妹是個非常善良溫和的人，她的心力和賺來的錢，不是在照顧父母，就是在照顧流浪狗，自己反而都不太花錢。因為妹妹的無怨無悔，家族中並沒有因為照顧父母而起嫌隙，但妹妹年紀也大了，她主動申請退休幫忙照顧、接送父母往返醫院，也是當子女應盡的責任。

林淑卿認為，爸爸林文在十多年前就已呈現失智狀況，但沒有惡化或是像一般失智者會有情緒失控、亂發脾氣的情況，算是很幸運的。不過，爸爸每天在家沒事情做，只有發呆和睡覺，不然就是整天只是坐著，進而影響到身體的狀況，去年心跳甚至一分鐘只跳30多下，緊急送醫在醫院心臟內外科的會診下，裝設心臟節律器，才讓心跳恢復到一分鐘跳50多下，為了病況不再惡化，家人也開始苦思解決的辦法。

林淑卿說，在大同福樂學堂成立之後，家人就得知有這麼一處失智老人的日照中心，但因為大家平常忙碌，雖然想了解，卻不了了之。直到爸爸的心臟再次出現問題，他們才開始積極接觸，發現大同福樂學堂不論是設施或照護人員都相當好，便在前年 11 月送爸爸到大同福樂學堂，個性溫和的爸爸也沒有排斥，就這樣一路上課到現在。

　　林文在健康時生性幽默，話也很多，但待在家裡久了，人也就漸漸的懶了，最後也變得不愛開口。到大同福樂學堂之後，林淑卿認為，最大的改變在於回家話變多了，問他也會主動提及在大同福樂學堂裡的事情，連上課的內容也會分享，人變得開朗不少。也許因為有伴且每天不同課程的有趣體驗，讓爸爸很愛大同福樂學堂，每天一早時間到時就催促著家人要送他上學，前一陣子因為生病住院幾天，出院當天早上回到家後，馬上就說要去上課，在家人勸阻下才作罷。

　　林淑卿笑說，從小爸爸就不太會嚴厲的責備他們，爸爸在家裡的角色可說很沒有「尊嚴」，因為大家都愛跟沒有架子的爸爸、阿公開玩笑，且玩笑都沒有尺度，或許也因為這樣的個性，讓他很有福報，老來不僅小孩都在身邊照顧，還能回到學校上課，相當幸福！

女兒林淑卿

優美高雅氣質脫俗 高齡仍不減風采

林阿嬤

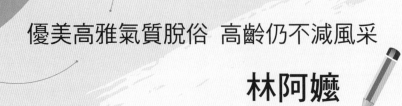

「我的開心農場」作品

看著 88 歲的林阿嬤遠遠走來，就能感受到她的氣質不一般，即使年紀大、罹患中度失智症、且背也駝了，但優雅的氣質仍然不變，就連她的作品也都相當精細講究，像是剪貼拜拜時的供桌，她是唯一畫上 3 柱清香的學員，仔細的程度連授課的社工鍾燕惠都稱讚不已。

林阿嬤出生於廈門，7 歲時林阿嬤的爸爸和媽媽從廈門帶著三個女兒一家人到台灣，專門做出口茶到海外的生意，家裡的經濟狀況可說相當好。她回憶說，把台灣的茶賣到海外去，所以小時候她過得還不錯，一路念書到女中畢業後才沒有繼續升學。

林阿嬤女中畢業後，就到台北城裡專賣文具的店裡當店員，每天跟各式各樣的文物接觸，書、畫、雕塑、書法等等，看著看著自己也相當喜歡，服務親切且又長得漂亮，讓住在對面的阿姨很喜歡，介紹自己從海外回來的兒子互相認識，兩人進而交往結婚，過程相當浪漫。

婚後，林阿嬤與先生於自己老家開設印刷裝訂廠，林阿嬤說，印刷廠專做政府印製的書籍，像是教科書有一部分是由他們印製並裝訂成冊，工廠的接單一直都很穩定，生意也還不錯。平常先生出門洽談業務，她就留在工廠裡與職員一起工作，每天還必須煮飯給職員吃，在小孩陸續生下來之後，還得分心照顧小孩。

林阿嬤老闆娘的日子過得辛苦卻也安穩，但大她 9 歲的先生

卻不到 50 歲就因病過世。幸運的是，林阿嬤平常就在工廠裡幫忙，雖然先生過世也不至於慌了手腳，公部門的業務仍繼續承接，林阿嬤也就一人扛起先生的事業和家庭，她說，還好 1 兒 5 女都很乖，長大了也會幫忙，日子也就沒有那麼難過了。

林阿嬤現在是跟著大女兒和孫女一起住在高雄，唯一的兒子在比利時經營餐廳，就連課堂上要學員貼家庭樹，林阿嬤也只貼了她跟兒子在比利時一起拍的照片。社工鍾燕惠說，老人家就這樣，平日是女兒在照顧她，但只要提到比利時的兒子，林阿嬤仍頗為自豪。

▋ 林阿嬤創作作品

▎林阿嬷創作作品

　　80 歲以前身體還很硬朗的時候，她每年會自己坐飛機到比利時找兒子，飛機要轉好幾趟，但不會說英文的她從來就沒有迷航過，在比利時時兒子會趁著假日帶她到處玩，歐洲很多國家她都玩過，如英法德及荷蘭，兒子對她很孝順。

　　原本，林阿嬷一直住在台北，在罹患失智症後，大女兒就接她到高雄一起住，因而有機會到大同福樂學堂。林阿嬷說，大同福樂學堂的員工都對她很好，這裡認識的朋友也都很好，讓她每天出來都很快樂，日子也很好過。

| 「我的家」作品

　　因為高度接受大同福樂學堂，林阿嬤上課的配合度也高，尤其喜歡藝術課程，也許因為年輕時在文具店上過班，再加上經營印刷裝訂廠有關，所以她的作品都很精細，畫出來的房子是雙拼的透天厝，也是她在台北的住家兼工廠，兩房正中間還掛著一座大大的時鐘，時鐘的刻度和時針、分針都畫得清楚，她說，工廠

交貨都要很準時，時鐘是很必要的。

　　另外，在拜拜供桌上，由宣傳單上剪下來的各式供品排列整齊，供品中還畫上香爐並插著 3 柱清香。林阿嬤解釋，因為他們做生意，初一、十五都要拜拜，拜拜的東西都是這樣擺的，燒香一定是必備。

　　在石頭的畫作，林阿嬤則是畫著一隻貓，貓不是她養的，而是年輕時，在工廠常會有一隻貓跑來廠裡面乞食，她看著可愛，就常會餵食，貓因此跟她很親近，看到石頭她就想把印象中的貓畫上去，而且要畫就要畫得漂亮，也要注意塗色不要塗出界。

　　林阿嬤非常喜歡藝術課程，她說，畫畫、寫書法、捏黏土她都喜歡，在做這些時她的心情都很好，很快樂，雖然在談論作品時會因為想不起來該如何說而有小小的停頓，但輕快描述的語氣可以感受到她對藝術課程的喜愛。

勤學不倦　主動力行上學去

邱梅花

邱梅花是個具高病識感的失智症患者，每每講到自己記不清楚的事情，她總是拍拍頭頂說，我的頭有毛病，很多事情都記不清楚了。也因為病識感高，樂意接受醫師治療，所以，當醫師建議她到大同福樂學堂上課時，她欣然接受，認為大同福樂學堂是治療她生病的頭。

　　1939 年生的邱梅花命運相當坎坷，她清楚記得自己的先生得到肝癌，在近 40 歲就過世，而後為了養活一雙兒女，她隻身前往飲料公司上班，成為一個精明幹練的上班族，邱梅花說，就是賺口飯吃。因為要養兩個小孩。她說，兩個小孩都很乖，也很會唸書，老大是女兒，現在在澳洲定居，也生了一個女兒。老二是兒子，擔任工程師。

　　談到兒女，邱梅花臉上滿是驕傲，兒女從沒讓她煩惱，也很孝順。現在她跟兒子一起住，女兒每年也都會從澳洲回來，現在她和兒媳住在先生留下來的房子裡，房子是透天厝，所以在她畫的「家」就是一棟透天厝，天上有著一顆大大的紅色太陽照著房子，房子旁還有一棵樹。她說，因為她家周圍比較空曠，種植很多樹，家門前她畫了像是圍籬的圖樣，當被誤會是圍籬時，她趕快澄清說，不是圍籬，是樓梯啦！透天厝不是都要有樓梯才能進去嗎？家的形式深深刻印在邱梅花的腦海中。

　　邱梅花的人生被算命先生一句「出家命」深深影響，坦然面對先生的早逝，無怨的扛起養育一雙兒女的重責，長年吃素，更

在閒暇時到佛光山當義工。

　　從創作中可以看出來她非常喜歡紅色，幾乎每樣作品都有紅色，她說，紅色喜氣，看起來就很舒服，對於自己每個創作也都清楚記得，像是一尾身體粉紅色、尾巴深紅色的魚，她說，這樣的魚不是很漂亮嗎？可以欣賞，心情就很好；以拜拜為主題剪貼創作中，相較其他學員將從宣傳單上剪下來的供品隨便黏貼擺放不同，邱梅花將供品貼成圓形，就像是擺放在圓桌上拜拜一樣。她說，以前作生意都會拜拜，拜拜的供品一定要放整齊；還有一塊石頭上，她畫上了眼睛、鼻子、耳朵等，並說，這看起來就是一個人啊！相當有主見。

　　邱梅花一向獨立，也很有自己的主見和行動力，像是小時候沒辦法讀書一事讓她耿耿於懷，為了能識字，她一面上班、一面照顧兒女，又到國小夜間部讀書，一路念到國中；也知道兒女很忙，身體不舒服時總是自己看醫生。後來頭開始痛，就自行到某大醫院掛號拿藥，因為忘性很大，又常常不舒服，最後連佛光山都沒辦法去了，只能待在家裡。

　　邱梅花病識感很高，她不斷強調自己腦筋退化，甚至多次用手摸著頭頂，覺得頭一直在發燒，總是昏昏的，醫生開藥給她吃，吃了藥就好一點，醫生還叮囑她要到大同福樂學堂上課才不會愈來愈嚴重，所以她就來了。每天早上由兒子送她到大同福樂學堂上課，很快就交了許多朋友。

▌邱梅花創作作品

　　邱梅花笑說，現在她早期的事情都記得，反而是近期的事情不記得了。每天到大同福樂學堂上課、和朋友聊天、運動，日子很快就過了，不然待在家裡也都是胡思亂想，愈想愈心煩，愈想頭腦愈差，所以她很喜歡大同福樂學堂。

| 不想後悔　返國伴母安度暮年 |

　　「我不想以後後悔。」邱梅花的女兒 Selena 移民澳洲已十多年，原本每年回台灣近一個半月陪伴媽媽，今年決定回台久一些

女兒 Selena 與邱梅花共同照護植栽

時間，以分擔弟弟的照料。她說，3 年前發現媽媽罹患失智症，
這 3 年來媽媽的狀況愈來愈差，如果在這段時間沒有陪在媽媽身
邊，將來她一定會後悔，她不想因為沒有做而終身懊悔。

　　Selena 是邱梅花口中驕傲的女兒，欣慰女兒即使移民澳洲多
年仍會每年回來看她，直說女兒很孝順。對 Selena 來說，爸爸在
小學六年級時就過世，媽媽母兼父職將她和弟弟一手拉拔長大，
辛苦的過程她全看在眼裡。Selena 說，媽媽的人生很悲情，人生
道路走得很坎坷。

早年重男輕女的年代，造就邱梅花一切「求和」的個性。Selena 說，未失智前的媽媽在團體中是主張尊崇少數服從多數的原則，從不會強出頭，也不會與人相爭；而困苦的環境也造就媽媽堅毅的性格，從小就渴望學習，會到學堂裡偷偷聽課，撿別人丟棄的短鉛筆來寫字；進入社會後，仍於忙碌中找時間念書，一路念到國中，媽媽的堅持及好學讓女兒 Selena 佩服不已。

不過，求和易親近的邱梅花在失智後，性情也起了變化。Selena 苦笑說，「很盧！」情緒變化很大，似乎以前被壓抑的個性在失智後全都展現出來。Selena 認為，媽媽的失智症狀其實應該有被耽誤確診時間。

當初一開始邱梅花覺得不舒服時，自己會到附近的醫院就診，當時醫師告訴邱梅花下次看診時要找家屬一起來，但邱梅花也許忘記、也許是刻意不說，讓這樣的狀況持續了近 2 年，直到邱梅花的兒子發現她的狀況有異，他們才知道醫院已多次告知媽媽要找家屬陪伴就醫。

Selena 認為若一開始發現媽媽有問題時，在多次回診都同樣沒有家屬陪伴時，醫院應該主動連絡家屬，但卻缺乏了這方面的敏感度，以至於在發現有問題時，也已延誤了近 2 年，直到 3 年

前才確診失智。

　　Selena 認
為，媽媽為他
們姐弟付出這
麼多，如果在
這段時間沒有陪
在媽媽的身邊，
她一定會後悔，所
以她要暫別澳洲的家
人，回台灣陪伴媽媽。

　　大同福樂學堂社工鍾
燕惠說，邱梅花在女兒回台灣
後，可以很明顯感受到心情變得很
好，也會告訴照服員，女兒回來幫她做
好多事情。一開始要來大同福樂學堂時，媽媽相當排斥，認為是
要把她丟到安養中心，後來他們姐弟半強迫帶媽媽到大同福樂學
堂，認識許多朋友，再加上醫師鼓勵，讓媽媽認為到大同福樂學
堂是治療的一環，才讓媽媽卸下心防。

　　現在的邱梅花很適應大同福樂學堂的生活，每天一早總是笑
咪咪跟同學們打招呼，對 Selena 和弟弟來說，媽媽到大同福樂學
堂上課，讓他們有喘息的時間，Selena 清楚知道，失智症是不可

女兒 Selena 返台陪伴媽媽

逆的病症，媽媽的情況不會變好，只會愈來愈差，她努力在照顧媽媽的緊繃情緒中尋找喘息的空間，也希望媽媽可以一直快樂的在大同福樂學堂開開心心的學習，和朋友有良好的互動，豐富她晚年的人生。

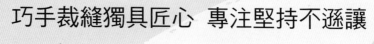

巧手裁縫獨具匠心 專注堅持不遜讓

范殷秀錦

范殷秀錦與兒子范雅修欣賞作品

「這綠豆黏得好整齊！水果圖樣剪得好漂亮！這是我做的嗎？」雖然不完全記得作品是自己的創作，但年輕時是裁縫老師的范殷秀錦仍然具有相當鑑賞力，不斷的稱讚自己的作品非常漂亮，其中畫著小時候在台南後壁所住的四合院更是讓她陷入回憶中。

　　82 歲的范殷秀錦在 2016 年先生過世後失智的狀況逐漸顯現，在兒女陪伴到大同福樂學堂兩次試讀後，便成為大同福樂學堂的學員。每天一早時間到，范殷秀錦就會催促著外籍看護陪她坐計程車到大同福樂學堂上課。范殷秀錦說，每天到這裡上課「金促咪」，可以跟很多朋友聊天，時間也比較好過！

　　范殷秀錦有著一雙巧手，也很喜歡創作，對於大同福樂學堂裡的藝術課程有著高度的興趣與專注力。社工鍾燕惠就說，阿嬤很有個性，有靈感時她會一氣呵成完成作品，即使到了吃飯或睡覺時間，她都堅持完成作品後才要休息，像有一隻做得相當活靈活現的小狗捏陶作品，就是一路捏捏改改，直到吃飯時間都沒捏好，范殷秀錦乾脆不吃飯，直到狗兒捏到滿意才罷手；但有時候上課缺乏靈感，她也會直接跟老師說，現在做不出來，我拿回家做，隔天真的就會交出非常完美的作品，阿嬤對於美感真的很堅持。

　　在范殷秀錦的創作中，有一幅她畫著小時候後壁老家的三合院作品，雖說是三合院，但范殷秀錦畫出比較簡單的 3 間矮厝，

紅磚牆、屋瓦、木門都畫得很精細，看著畫作，她說，創作的時候沒有想到那麼多，其實鄉下的房子應該有 5 間房子，她畫的比較簡單，重新看畫作時，她的腦子裡便再把畫作編排一番，她說，房子應該再多畫兩間，畫上的兩棵樹再往旁邊移一下，應該就更完美了。

看著畫作，讓范殷秀錦陷入小時候的回憶。她說，她有 3 個哥哥、3 個姐姐，一家人住在老家相當熱鬧，她是最小的小孩，在她比較懂事後，兄姐都已經各自嫁娶，而她的爸爸賣雜貨養大小孩，卻在她 11 歲時就過世了，自此她和媽媽的生活就由已成年的哥哥資助。因此，即使她在小學時是優等生，以第一名成績畢業，卻因為擔心哥哥們生計負擔太大，她沒辦法再繼續升學，選擇台南新營家政學校學習裁縫，學成後再回到後壁以教裁縫為業，直到嫁人隨著擔任公職的先生到高雄，重心轉至家庭，才減少教授裁縫。

范殷秀錦每天搭公車到新營家政學校上課，亭亭玉立的模樣讓人很注目，許多他校的男生心儀不已。她說，有一次下課時，有一個台南一中的學生就一路跟著她坐車到她家門口，看到她進家門後就走了，當時她只是覺得怎麼會有台南一中的學生在中學還沒下課的時間就坐著車跟隨她？後來，在學成回到後壁教裁縫後，她先生找人來說媒，她也覺得奇怪，住在鹽水的人怎麼會到後壁來提親？原來大她 3 歲，就讀台南高工的先生在公車上早就

巧手裁縫獨具匠心 專注堅持不遜讓：**范殷秀錦**

見過她好多次，在台南高工畢業並考上公職後，馬上找人來提親，21 歲嫁給先生後，范殷秀錦才發現，當時那一路跟著她回家的台南一中學生按輩份要叫她嬸嬸，讓她直說有緣啦！

回鄉教裁縫的范殷秀錦一直強調，自己沒有幫人做衣服，只是教授裁縫，教裁縫除了如何踩裁縫機外，最重要的是衣服設計也全都要自己思考，以前民眾沒有像現在這麼方便，在百貨公司、菜市場就可以買到現成的衣服，所有衣服都要找裁縫師縫紉，所以跟她學裁縫的學生很多，學成之後有很多後來甚至到服裝公司工作。

婚後范殷秀錦繼續教授裁縫，會幫先生、小孩製作衣服，自己的衣服也都會自己製作，很少在外面買。她說，自己做衣服可以做自己想要的樣式，想一想畫一畫，她就可以剪布料裁作出一件件衣服，而且看著小孩穿著自己做得衣服很可愛。

說到 3 個從小就穿著自己做的衣服的小孩，范殷秀錦語氣充滿驕傲，也記得非常清楚，她說，和先生都很重視小孩子讀書，3 個小孩也都很乖、很認真，大兒子和女兒都念台大，老大自己開公司當老闆、女兒是老師，二兒子念醫學院當醫生，孩子們都很孝順，讓她很安慰。

雖然很多話范殷秀錦都會重複說，也跳躍式訴說回憶，然而在話語中，范殷秀錦都記憶猶新，時常就閉著眼睛講話，彷彿回到回憶的場景，看著自己的創作，也是仔細端詳，摸著作品邊說創作時的發想，有些作品也許不記得，但從成品來看，創作當下她是非常快樂。

| 快樂堅強面對失智　憶母好手藝 |

再一次接受採訪談媽媽范殷秀錦到大同福樂學堂之後的改變，小兒科醫師范雅修說，媽媽是一位很喜愛學習、求知慾很強的人，在大同福樂學堂讓她找到了學習的舞台，並從中得到成就感，原本罹患失智後有情緒暴躁及高度負面想法的媽媽因此變得開朗，心境也變緩和，雖然偶爾還是會有小失控，但都比未來大

同福樂學堂之前好太多了。

學裁縫的范殷秀錦一直強調自己只當裁縫老師，並沒有幫人做衣服，但范雅修說，不知道媽媽為什麼會這麼說，媽媽年輕時的確收了很多徒弟，因為當公務員的爸爸薪水並不高，為了維持家計，媽媽在自家樓下開設工作室。因為手藝非常好，印象中媽媽是非常忙碌的，常常忙到很晚才煮飯、吃飯，有段時間更因為訂單太多而無法如期交付衣服，媽媽幾乎就是日以繼夜的裁縫衣服。

因為媽媽是裁縫師，讓范雅修和哥哥、妹妹從小穿著上就與眾不同，經常有好看的手作衣服可以穿，有時候媽媽更會跟隨流行，裁剪大量的布料做衣褲給三兄妹穿，連在台南的堂、表兄弟姐妹也都一起受惠。范雅修笑說，小時候被媽媽這樣的裝扮，讓他對穿著頗為講究，媽媽曾經笑他愛漂亮，有一年過年還要求她去鹽埕區大新百貨公司買西裝給他穿，他沒有印象，結果翻出小時候的照片，還真有不少穿西裝的照片，自己看到也是笑翻了。

范殷秀錦平常雖然忙碌，照顧小孩還是無微不至，很多事情都幫孩子們做得好好的，范雅修笑說，媽媽照顧得太好導致他們長大後在生活上都有點小白痴。其實，范家三兄妹的年齡差距都很大，像范雅修跟哥哥差 6 歲，跟妹妹差 7 歲，為什麼會有那麼大的差距？范雅修並沒有問過父母，因為年紀差距讓兄妹之間在很多事情的看法上不同，也就是有代溝，但他們感情很好，面對

父母的身體問題及照顧也都會互相討論及分擔。范雅修認為，因為父母的個性溫和，很呵護小孩，從小幾乎都沒有對孩子大小聲，更不曾打罵過他們，頂多在他們做錯事時就嘴巴唸唸，兄妹就知道做錯，在這樣和諧的家庭長大，兄妹的感情也不會疏離。

范雅修不太確定媽媽是什麼時候退休，印象中直到他上大學，媽媽仍在幫人做衣服，也許在妹妹長

▌范殷秀錦與兒子范雅修母子情深

大後，家裡的經濟負擔沒那麼大時才退休。不過，范雅修說，媽媽是個聰明也好學的人，她曾說自己國小是第一名畢業，很想要繼續升學，但因為她的父親過世，家裡需靠哥哥資助，擔心哥哥經濟負擔太大才去裁縫學校念書，也許因為不能再升學的遺憾，讓媽媽一直到現在都很好學，求知慾很強。

范殷秀錦每隔一段時間就會專注學習一項技藝，像是中國

▌范殷秀錦創作作品

結、十字繡等都曾讓媽媽學過好長一段時間，在范雅修三兄妹家中目前各有一幅大型十字繡就是媽媽親手一針一針繡出來的，一幅大概要花 3 個月以上的時間，每一幅都相當珍貴，可以當作傳家寶。

范殷秀錦對美的事物很有興趣，也很執著，聽到大同福樂學堂社工鍾燕惠對媽媽藝術作品的稱讚，范雅修笑說，並不意外，媽媽來大同福樂學堂後改變了很多，個性變開朗，也不再像之前照顧爸爸時那麼獨斷。大同福樂學堂不但滿足了媽媽的求知慾，讓她從學習中得到成就感，每天早上照服員的唸新聞時間媽媽更是要求一定要參與，時間一到就趕快催促外籍看護帶她坐車上學，不可以遲到，因為每天聽新聞就可以知道台灣發生什麼事，讓她相當喜歡，也很期待每天能夠聽到什麼新聞。雖然失智是不

「我的家」作品

可逆的，媽媽的記憶力還是不好，但他知道媽媽在大同福樂學堂裡是快樂的。

有趣的是，范雅修並沒有聽媽媽說過念裁縫學校時被南一中學生一路跟到家的往事，直說應該是記錯的，從來沒聽過這件事。直接再問范殷秀錦，她並沒有否認這件事，只是很奇怪為什麼會把這件事講出來，並再跟范雅修重新說一遍，也確認了南一中學生的確是爸爸那一邊的親戚，讓范雅修直呼有趣，竟然從別人口中知道媽媽小時候的往事，很有意思！

其實，面對年輕時相當幹練的媽媽在老年時罹患失智症，溫和個性的人也變成易怒、易猜疑，范雅修一開始在照顧上是吃盡苦頭，而在盡力照顧媽媽的同時，卻也害怕家族有失智的遺傳因子，因為舅舅也是失智患者。在目前世界上對失智症仍未找出治療方式之際，范雅修說，他盡量讓自己維持健康，不讓自己太累，適度的休息放鬆，也找時間運動；同時也已經交待太太，只要發現他有失智的症狀，就把他送到安養院，因為他太知道照顧失智症患者的辛苦，而他並不想拖累太太和兒女。

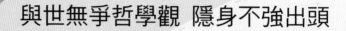

與世無爭哲學觀 隱身不強出頭

翁一峰

翁一峰展示作品

年輕時就喜歡看畫展、欣賞各種藝術品的翁一峰，在大同福樂學堂藝術課程總是表現突出，他畫得房子是用黑筆描繪，細膩的程度讓教課的社工鍾燕惠驚艷不已。

　　今年 84 歲的翁一峰有著相當不錯的家庭背景，爸爸是畢業於日本帝國大學醫學系的醫師，媽媽則是國小老師，但在早年肺結核盛行的時代，爸爸因為在醫院工作而被傳染，30 多歲便英年早逝。不過，因為爸爸是醫師的影響，翁一峰後來也考上國防醫學院（現今的國防醫學大學）藥劑系，雖然他謙稱是因為國防醫學院免學費，分數剛好落於此，但在台灣早期確實是相當不簡單，因此，翁一峰非常強調並驕傲，兒時玩伴也只有他讀到大學畢業。

　　翁一峰大學畢業後隨著國防部的分發輾轉在多個縣市的醫院任職，最後落腳高雄市，並趁房價便宜時在小港區鄰近機場附近買了兩棟透天厝居住，原本是打算給兩個兒子結婚後定居，但後來只有大兒子和媳婦留在老房子，目前也跟翁一峰同住，翁一峰雖說他構圖精細的房子圖畫是幻想圖，但仍可看出是雙拼型態的大房子，房子旁一如他所說目前居住的房子周遭很寬敞。

　　講話和緩的翁一峰說，自己是屬於不與人爭的個性，在醫院工作時，總是撿人不做的工作來做，要假裝糊塗，不與人計較，那麼可以減少很多糾紛，有沒有被占便宜不重要，反正工作總是要有人做，多做反而時間比較好過，所以直到退休，他都能夠因

為與人為善而有著良好的工作環境。

　　退休後的翁一峰在住家開設藥局，因為生活總是要顧，一開始在小港區還沒有被開發的時候，藥局的生意還不錯，而後隨著房子愈蓋愈多，人口也愈來愈多，大型的藥局進駐及各醫療院所的壁壘分明，翁一峰不與人爭的個性再度顯現，收起藥局，開始過著真正的退休生涯。

　　翁一峰年輕時只要有時間就騎著摩托車到處看畫展，退休後還是會到處追畫，他說，看畫展會讓他的心情放鬆，靜靜的欣賞著畫，心中與畫對話，可以讓他的心情很寧靜，讓他忘記很多煩惱，因為繪畫帶來的效果，讓他很佩服畫家，而自己最喜歡哪個畫家？最喜歡哪一幅畫？他歪著頭想了又想，笑笑說，頭腦糊塗了，講不出來。

「我的家」作品

翁一峰創作作品

　　不過，喜歡逛畫展，但工作忙碌讓翁一峰一直沒有機會下筆，他說，欣賞歸欣賞，真要下筆好像也沒有那個機會。但來到大同福學堂後，藝術課程是他非常積極參與的課程，看看別人動手，他就跟著一起動手做做看，下筆相當謹慎，作品相對細緻，社工鍾燕惠就說，翁一峰的作品讓人很驚豔，以為是有練過的，原來年輕時就累積了功力。

　　翁一峰很是強調自己的無欲，連面對畫作被稱讚，他也只是笑笑說，隨便畫畫而已，哪有很好！翁一峰說，自己的綽號叫「迷糊」，個性也不夠積極，因為不積極爭取就不會與人為敵，但不知道是不是故作迷糊久了，頭腦真的也就迷糊了，很多事情

都記不得。

　　雖然腦子變迷糊了，但翁一峰一直很強調自己的身體健康，還說要活就要動，他現在每天晚上吃飽飯就會到住家對面的公園走走，還自嘲說，腦子糊塗沒關係，但身體不可以不好，在講他的人生哲學時，翁一峰是相當有條有理的。

　　翁一峰一如他自己所說個性很隨和，大兒子在發現他有失智狀況後送他到大同福樂學堂，他也欣然接受。因為每天在家無所事事，來到大同福樂學堂有朋友可以聊天，有喜歡的課程可以學習，這樣度日比較快，每天早上兒子上班前載他到大同福樂學堂，下課後再載他回家，講完他也不忘稱讚大兒子，說大兒子很

▍翁一峰與兒子翁彬烜共同欣賞作品

老實，對他很孝順。

│ 忙碌父罹失智　投入探究防惡化 │

　　原本是幹練的藥劑師，不僅了解藥理，還能協助朋友開設製藥廠的翁一峰，在兒子翁彬烜的眼裡，是一位嚴肅、倔強及自我要求很高的人，每天都為了工作很忙碌，翁彬烜說小時候他是阿嬤帶大，在爸爸罹患失智後反而相處的時間變多了。

　　翁一峰在國防醫學院畢業後於軍醫院擔任藥劑師，也在住家開設過藥局，忙碌是翁彬烜記憶中爸爸的身影，而後翁彬烜也從

軍，派駐各地，難有時間與爸爸相處，一直到退役後才住一起。翁彬烜說，媽媽 1985 年生病，直至 95 年過世期間，爸爸是她的主要照顧者，當時因為要分心照顧媽媽，藥局的生意就斷斷續續，真正完全結束營業是在爸爸 76 歲失智症發作之際。

初罹患失智症時，翁一峰平常幫顧客服務，問了前一句，忘了下一句要說什麼；或是重複問話，種種的失誤讓家人為免發生事端，於是將藥局結束營業，但當時並未察覺可能是失智症，因為行為舉止都尚屬正常，生活也如常，表面的正常讓家人並沒有太在意，認為應該只是老化現象。

一直到 2012 年，家人送翁一峰到高醫檢查，發現他的腦部空洞化罹患阿茲海默症，除了醫學上的證實外，翁一峰表面仍然正常，家人交待他要按時吃藥，也以為他能按時吃藥。在 2013 年有一天他獨自出門，家人遍尋不著，隔天卻又自己回家，精神狀況開始出現問題，家人再回頭查詢，也才發現藥都沒吃，以至於病情不僅沒控制，反而更惡化，在此同時，翁一峰也開始陸續出現失智患者的精神狀況，像是懷疑家人拿他的錢，或是把自己鎖在房間裡不讓人進去等等。

翁彬烜苦笑說，在爸爸陸續出現精神狀況之後，他便執行親手送藥，親眼看到爸爸吃下藥才行，在嚴格控制後，失控的問題才在一年多後控制下來，而後接受醫生建議，送爸爸到佛光山附屬機構南屏別苑，每天上半天課，分散爸爸注意力，也讓他有時

間發洩精力，不過，南屏別苑的課程有假期時間，為讓爸爸能夠持續接收受刺激，才找到大同福樂學堂。

　　因為爸爸罹患失智症讓翁彬烜對相關的議題頗有研究，他說，精神疾病患者所需要的就是團體治療的環境，讓他們能夠有正常的社交，可以跟朋友聊心事，並發洩精力，大同福樂學堂就是這樣的地方，失智症是無法治療的疾病，也多少伴隨著憂鬱症，但透過團體治療方式可以減緩惡化。不過，回想爸爸第一天到大同福學堂就因為想回家，趁隙跑出學校而走丟的驚魂記也是頗無奈啊！

　　翁一峰為了身體健康，每天晚上吃飽飯後會到住家對面的公園散步，翁彬烜觀察爸爸肌力仍然正常，但對於色彩的辨識已經出現問題，這可以從他畫得房子僅以黑筆描繪，房子結構相當精細可以看得出來，基本上目前在藥物控制及持續到大同福樂學堂，讓爸爸的病情不至於再惡化，照顧上也沒有出現太大問題。

　　對於大同福樂學堂這樣的日照中心，翁彬烜認為，在目前台灣人口持續老化，失智症也持續增加的情況下，台灣整個日、長照中心是不足的，政府應該思考像大同福樂學堂一樣結合醫院和學校，或是結合長青中心，多設立日、長照中心，讓家裡有失智老人或年紀大的老人有地方可以去，也讓照顧者能夠有喘息時間，可以如常的工作。

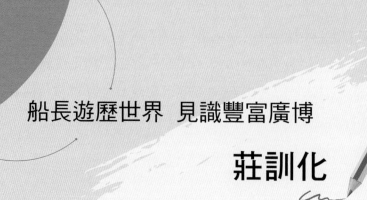

船長遊歷世界　見識豐富廣博

莊訓化

一說到莊訓化的作品，社工鍾燕惠馬上拿出一隻昂著頭的烏龜，所有學員的烏龜都是垂著頭，只有莊訓化做的烏龜是抬頭，且一體成形，非常厲害。其實，這跟莊訓化年輕時當商船船長有關，因為世界各地跑，長時間在海上可以觀看各種海中生物，昂首的烏龜就是他在紐西蘭海邊看到的，印象深刻。

　　今年 84 歲的莊訓化老家在中壢，但在中壢生活並不容易，一次父親有機會到高雄時，看到高雄有很多仍未開發的土地，當時日本政府也鼓勵開發，於是舉家遷往高雄，後又因父親為了種田務農而舉家遷移至屏東潮州。莊訓化年輕時熱愛讀書，但年輕人需協助家中農事，莊訓化請求叔公帶他去高雄，就讀現今雄中，惟家人要求其每個禮拜需牽牛來回高屏兩地。莊訓化毅然答應此事，一路和牛相伴步行，每次需整整一天才會到達家中。好學不倦地他在當時念完基隆海事學校後便回到高雄水產學校教書。

　　教書的生活很單純，但薪水太少，隨著小孩陸續出生，教師的薪水已不足以養家，於是莊訓化辭去教職，開始跑船的生活。他說，本來海事學校畢業就應該要跑船，但一開始也是擔心危險，所以選擇比較保守的教職工作，不過教書的薪水真得好少，一個月只有幾千塊，跑商船的薪水一個月就是十幾萬塊起跳，實在是差太多了。

　　莊訓化說，剛上船時，因為海浪讓船搖來晃去，會感到不舒

服、暈船，有時候海外遇到颱風也是很害怕，但經過幾次的暈吐後很快就適應了，讓他也開始享受到世界各地遊覽參觀的樂趣，最重要的是跑船之後，對生活有相當的改善，生活也變得多采多姿。

莊訓化的商船主要是運送貨物，跑船的時間短者十多天，跑日本、韓國，長者 2、3 個月，跑澳洲、紐西蘭、美國等等，各式各樣的貨物都載過。他說，早期日本沒有太多稻米時，船到日本主要是運送台灣的稻米，再運回日本北海道的蘋果，當時的台灣米對日本來說相當珍貴，運送到的稻米整袋整袋搬下船後，日本人還會到船艙底把漏出來的米全部掃起來拿走，回去洗乾淨就可以吃，一點也不浪費。

對莊訓化來說，棄教職而選擇跑船是相當正確的決定，讓他的生活多采多姿，而且一趟跑船的時間也都不會太久，家庭仍然可以照顧。莊訓化笑說，以他的年紀可以遊覽世界各地可說是很不簡單的，而且他也接觸到相當多當時台灣沒有的東西，像是椰子，就是他在南洋時第一次看到，那麼硬的果殼裡竟然有那麼香甜的果汁，真是大開眼界。

在跑了全世界之後，莊訓化最喜歡的國家是紐西蘭，因為紐西蘭地廣人稀，且堅持零工業，沒有煙囪，所以空氣非常好，植物、生物也都相當多樣，是一個非常適合居住的國家。在跑船20 多年後，莊訓化 58 歲就從貨船船長退休，兒女、孫子都住一

「萬能龜」

莊訓化創作作品

▎莊訓化展示作品

起，三代同堂讓他很滿意，也很幸福，直說住一起互相有照應，非常好。

因為年輕時的生活多采多姿，莊訓化的藝術作品也非常多彩，他說看到多彩的顏色心情就很好，而他最為大家津津樂道的抬頭烏龜，他拿在手裡也是愛不釋手，這是有一次在紐西蘭海邊沙灘上看到烏龜上岸產卵，他仔細觀察好久，發現烏龜為了觀察

鄰近的環境，會很努力的抬頭看，雖然動作慢慢的，但警覺性很高，這樣的印象讓他很深刻，所以捏了一隻抬頭龜，而且龜背上有許多的突起痕跡，莊訓化說，那就是龜殼啊！

除了多彩的圖畫和手捏黏土外，莊訓化也很喜歡寫毛筆，年輕時並沒有寫過，來到大同福樂學堂才有機會拿起毛筆寫字，初初接觸到毛筆字，讓莊訓化能夠靜下心來仔細描寫，他說，寫毛筆字讓他心情很寧靜，整個心都能夠放下來。

莊訓化知道自己的腦筋現在不太好，很多事情都不記得，東西拿了就忘記放在那裡，但認為年紀大了就是這樣，來到大同福樂學堂可以讓他不會忘得那麼快，他說，大同福樂學堂是女兒安排他來的，這裡很好，所以時間到了他就會準時來上課。

大裯衫界能手　與夫同行過美麗人生

陳林時子

陳林時子年輕時在彰化家鄉旁的菜市場裡當裁縫，幫客人做衣服，尤其她做的「大裪衫」遠近馳名，先生陳喜六的媽媽到菜市場找她製作衣服，發現這個女孩子手巧勤勞、有耐心又聰明，多次提親才成婚。雖然罹患中度失智，但陳林時子對年輕時的風光記得相當清楚，不斷重複自己在裁縫大裪衫界裡的知名程度。

陳林時子來自彰化農家，家裡算是大地主有很多田地，但即使家裡經濟狀況不錯，因為身為女生，並沒有讀書，從小跟人學作裁縫，出師後便在家附近的菜市場裡幫人做衣服。台灣早期婦女都會穿用布扣扣在身體側邊的大裪衫，陳林時子因為手巧，做大裪衫出名。她說，大裪衫的扣子是布扣，都是她自己一針一線縫，也會另外設計成中國結的樣子，因為頗有設計感，當時很多人都請她製作，先生陳喜六的媽媽就是其中之一。

陷入回憶裡的陳林時子說，年輕時菜市場裡有好多人來向她父母提親，父母嚴格把關不隨便，總說她年紀還很小。先生陳喜六的父母也是來提親好幾次、好多年，但因為他家裡比較貧窮，父母擔心她嫁過去會吃苦，所以遲遲沒答應。但公婆可能聽不懂父母的拒絕，一而再再而三的登門提親，後來父母看先生人老實，工作也很認真，才答應了這門親事。

先生家裡貧窮難道嫁過去時不害怕嗎？陳林時子說，不會啊！夫妻共同打拚就好，也說，剛嫁過去時，先生從日本進口廢棄汽車的零件需要一筆資金，但先生的兄弟不願意借助，她只好

回娘家向爸爸開口借錢，還好爸爸願意出借，先生取得創業資金後，夫妻倆努力工作打拚，生活也都過得去。

陳林時子講到先生陳喜六時都是笑瞇瞇的滿口好話，對先生更是充滿愛意。她說，結婚幾十年來她和先生沒吵過架，先生對她很好、很體貼，兒女也都很乖，在先生前往日本採購期間，她就負責看貨及買賣貨品，雖然很辛苦，但夫妻同心日子才會好。

陳林時子講話慢慢的，但一再談到家人，臉上總是充滿著笑意。她說，自己生了兩對兒女，且娘家就有 8 個兄弟姐妹，兄弟姐妹相處和樂，小時候家裡可說是天天都很熱鬧，所以當大同福樂學堂藝術課要畫自己家的房子時，一開始還想不出來要畫什麼，後來想到小時候兄弟姐妹們吵吵鬧鬧的鄉下四合院老家，老家目前還在，是爸爸找工人蓋的，非常漂亮，當時用了非常好的木頭，木頭很香，到現在她彷彿都還能聞到那木頭的香味。

陳林時子畫出了一座很大、很長的房子，她說，四合院的房子不就是這樣嗎？並用黃色來呈現有香味的木頭，再塗上紅色的顏料，一整個就是喜氣的四合院。談到四合院，陳林時子開始講起了兄弟姐妹的故事，提到從小被當童養媳來到她家中的二嫂、提到得糖尿病差點病危的二哥、已經過世的姐姐等等，在這四合院裡充滿了相當多美好的回憶。

因為學裁縫，自己設計衣服和布扣，陳林時子不僅手巧，也相當有創意。有一件捏製作品，她捏了一隻八爪章魚，不僅圓

頭、眼睛和嘴巴都捏的活靈活現，就連八爪也各有姿態，再塗上紅色，讓章魚彷彿就躍上了厚紙板上，章魚創作大受好評，連每天陪伴陳林時子上課的外籍看護都愛不釋手，每天到大同福樂學堂一定拿起來欣賞一番，直說阿嬤做得好漂亮，但有一天卻不小心摔在地上，八爪幾乎都斷掉，外籍看護心疼又覺得對不起阿嬤，陳林時子反倒安慰外籍看護，直說黏一黏就好了啦！

陳林時子可以侃侃而談回憶及創作的作品，但也具病識感。她說，本來退休以後的生活，她會到證券公司買賣股票，在最後一檔賺了一筆錢後，突然覺得沒有趣味了就不再去證券公司。待在家裡久了腦子就出現問題，在還沒到大同福樂學堂之前差點死掉，因為當時另一位外籍看護推著坐輪椅的她到學校運動，把她推上斜坡，結果一個不小心連人帶輪椅跌下坡，人就昏迷了，當時動了手術，昏迷了好幾天才醒來。醒來以後看到先生很著急，也跟她說，以為她過不了這一關，親朋好友從台灣各地都聚到醫院來陪她，還好後來都好了，除了左眼變得較模糊之外，其他都還好，她相當感恩還能再醒過來。

養病好了之後，先生就安排她到大同福樂學堂上課，到大同福樂學堂認識很多人，上很多課，日子也很好過。大同福樂學堂社工鍾燕惠說，時子阿嬤剛開始來的時候，因為剛病癒，導致肌力退化，讓她不太喜歡活動，後來透過體適能課程老師的肌耐力訓練，現在已經改善很多，而且愛分享的時子阿嬤，常常帶著自

家種的芭樂、蔬菜來幫大家加菜，是位很親切的阿嬤！

｜疼惜妻伴少時苦　現攜手面對失智｜

陳喜六是陳林時子的先生，兩人結縭 53 年，談到罹患失智症的太太，陳喜六語氣充滿疼惜及感謝。他說，太太是個很能幹的人，年輕時陪著他拼事業、照顧家庭和小孩，好不容易到了退休，還沒怎麼享受到就生病了，非常可惜。

78 歲的陳喜六和陳林時子是彰化同鄉，老家是農家，經濟狀況不太好，在小學畢業後，他到高雄學作生意，在中山路上學廢棄汽車零件買賣生意，閒暇時也常回彰化看父母，後來媽媽看中在菜市場擔任裁縫師的時子時，他也去看過幾次，對時子很滿意，在幾次提親後才順利抱得美人歸。

結婚之後，兩人在高雄定居，而後蔣經國當行政院長推動十大建設，帶動經濟發展，也讓汽車零件需求大增，於是他和 4 個朋友合股到日本進口汽車零件。但缺乏資金的陳喜六卻籌不出合資的本錢，自己的哥哥也不願意資助，陳林時子便回娘家向爸爸哭訴，借得 16 萬元新台幣成為創業基金，而後朋友拆夥，分得 65 萬元，將 16 萬元還給娘家，剩下的 49 萬元開公司當老闆，並獨立前往日本進口汽車零件，陳林時子也成為老闆娘。

陳林時子年輕時可說是相當幹練的老闆娘，陳喜六也稱讚老婆很能幹，不只要持家，照顧 4 個兒女，在他前往日本進貨時，

▌陳林時子創作作品

她還要在台灣接貨、賣貨、接業務，經常需要調度錢財，非常辛苦。因為太太的幫忙，讓生意做得還不錯。太太很節儉，兩人只要存到一筆錢，就會到處看土地，購買房地產當作投資。陳喜六笑說，雖不能說是家財萬貫，但老來可以不依靠子女生活、不增加兒女的負擔，的確也是兩人一路辛苦的成果。

因為工作壓力大，陳喜六和太太在 50 歲就退休，退休之後兩人常會到證券公司看股票、買賣股票，但幾年前在一檔股票賣到最高點賺到錢後，太太便覺得股票無趣不再去證券公司，每天待在家裡，卻也沒什麼事做，就經常忘東忘西。晚上無來由發脾氣大鬧，鬧得大家束手無策，後來在員林教書的女兒到廟裡幫媽媽祈福，並向神明求來紅線戴在手上才漸漸好轉。不過，一年多前就被診斷出失智症。

在陳林時子逐漸出現失智症狀後，陳喜六也陸續請來外籍看護照顧太太，雖然小兒子希望能分攤照顧媽媽的相關費用，但陳喜六認為不應該增加小孩的負擔，堅持自己承擔。他說，他相當感謝兒子的孝心，但爸爸還可以承擔時就自己承擔，不過，好的外籍看護並不好找，前後雇用幾個都不是很滿意，甚至在去年，陳林時子被當時的外籍看護推到學校散步，卻不小心從斜坡摔下來，緊急開刀在鬼門關走了一遭才救回一命，著實讓他和兒女驚嚇不已，幸好現在非常順利，能夠這樣一直下去也就好了。

看到太太因為待在家裡無所是事而導致失智狀況，讓陳喜六

頗為警覺。他說，雖然他在股票市場裡並沒有賺什麼錢，但他仍堅持每天一早就到證券公司報到，研究各家公司的營運狀況，看看財報，跟一起在證券公司看股票的股友們聊財經、聊世界趨勢等等，讓自己的腦子可以持續不斷的運作，應該是能夠避免失智的好方法。

　　陳喜六說，兒女都非常孝順，很願意分擔照顧媽媽的責任，像是大同福樂學堂就是小兒子辦理的，太太去年底到大同福樂學堂後，身體狀況有明顯的進步，本來在家裡已不太講話，現在每天回家會聊學堂裡的課程、跟朋友聊天的內容，感覺開朗很多。大同福樂學堂的環境很好，相關的課程安排、復健等也都很專業，太太每天能來這裡讓家人都很安心。

▎兩夫妻共同欣賞作品

陳林時子與夫陳喜六鶼鰈情深

　　對於生病的太太，陳喜六認分的說，遇到了就要面對，只是他比較心疼年輕跟著他吃苦的太太沒有太多享受，以往雖然會安排出國遊玩，但次數並不多，本以為可以退休安享晚年生活，如今卻生病了，遇到也只能盡量醫治，給太太安穩的生活，未來也無所求，就這樣順順的過就是最大的幸福了。

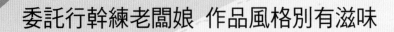

委託行幹練老闆娘 作品風格別有滋味

傅廖秋蘭

傅廖秋蘭與兒子傅耀威展示作品「我的家」

初始端詳自己的作品，傅廖秋蘭露出些許質疑，一時之間想不起來是否為自己創作，仔細看過之後，她才侃侃而談「創作理念」，像是捏了一隻扁魚，全身塗藍色，因為太藍了，所以在大大的魚眼睛上再畫上一點白；環保袋上的一家人衣服顏色都是藍、綠、橘色，因為這樣才可以看出是一家人。面對這些創作她樂在其中，直說，做這些事情時感覺自己好像小學生，很好玩。

　　現年 77 歲的傅廖秋蘭年輕時候和先生在高雄市鹽埕區經營兩家委託行，一開始是向跑船的船員進貨，而後自己到香港跑單幫，幹練的老闆娘目前仍氣勢依舊，但嫁來高雄之前，她是西螺的農家之女，家中 9 個兄弟姐妹就住在四合院裡，每天都是熱熱鬧鬧。難能可貴的是，9 個兄弟姐妹如今都健在，最大的姐姐更已超過 90 歲，雖然沒辦法再像以前一樣全家人聚在一起，但兄弟姐妹們至今仍會互相拜訪走動，讓傅廖秋蘭笑說，兄弟姐妹們年紀這麼大還能如此，也真是幸運。

　　傅廖秋蘭小時候家裡種植稻米、橘子，農家子弟每天起早到農地裡幫忙，在稻米收成後，四合院的大庭院成為曬稻場，兄弟姐妹們還要輪值看顧稻米，免得被雞鴨啄亂。回憶過往，傅廖秋蘭說，種田人家一定很辛苦，但從小做習慣了，因為這樣的農家印象，讓傅廖秋蘭畫出來的老家充滿著綠意，由於綠色就代表著豐收，綠色對傅廖秋蘭來說是小時候美好的回憶，雖然老家已經拆掉，但美好的記憶永存她的心中。

傅廖秋蘭的農家生活直到嫁人之前，她說，草地家裡的鄰居嫁到高雄都過得很好，於是就介紹同樣是從中國大陸過來的「外省人」給她認識，先生比傅廖秋蘭年長 17 歲，非常疼惜她，兩人的婚姻生活裡幾乎沒有吵過架。傅廖秋蘭說，有時候她做錯事，先生也只是唸唸她而已，但唸過之後，她自己也知道要改進，所以很值得先生疼惜。

　　婚後傅廖秋蘭跟著先生一起經營委託行，隨著 4 個兒子陸續報到，傅廖秋蘭在家照顧兒子，船員們進港後便到家裡給貨，邊照顧孩子，也邊幫忙先生的事業，一直到向船員收貨的利潤愈來愈低，小孩子也逐漸長大後，傅廖秋蘭開始到香港跑單幫拿貨，這樣的經驗也造就傅廖秋蘭幹練的個性。

　　說起老闆娘幹練的個性，傅廖秋蘭笑說，說能幹不如說是急性子，因為個性急，也不習慣拿拐杖，所以現在常常跌倒，採訪時不僅臉頰有淤青，左手大姆指還腫起來，這是最近跌倒兩次的印記。她也知道老人不耐摔，但就是常會忘記，站起來就想要趕快跨大步走，一不小心就跌倒了，她輕描淡寫地說，「要改，我知道。」

　　急性子不僅僅表現在日常生活中，上課寫作業、藝術課程同樣很急，所以下筆很快、塗顏色很快、捏陶更快，卻也沒有因為動作快而隨便亂做，作品依舊很漂亮。社工鍾燕惠說，傅廖秋蘭幾乎都是第一個完成的學員，完成後也不再修改，直接就動手幫

助旁邊的同學，甚至吃飯時也很快，吃完後會幫忙餵動作較慢的同學，等同學吃完飯，她才會休息，很熱心助人。

侃侃而談的傅廖秋蘭偶爾會重複說話、多想一下，她自己雖然會自嘲現在頭腦不好，很多事情都記不得了，但也同時說，早上上課時她的大媳婦會送她來，還小小聲地說了一下媳婦壞話，脾氣太大了，然而婆媳間互動很親密，媳婦離開前還會親親她，她低聲說，這個媳婦不錯啦！像女兒一樣。下午下課後，她自己坐公車回家，回家後就到黃昏市場買菜煮飯，讓目前與她同住的大兒子夫妻下班後可以吃到熱騰騰的飯菜。她說，自己煮習慣了，看到兒子媳婦每天都可以吃到她煮的飯菜很高興，兒子媳婦也都會謝謝她呢！

傅廖秋蘭在兒子媳婦希望她的失智症不要持續惡化下來到大同福樂學堂，她說，先生 13 年前過世後，她就把委託行收起來，每天待在家裡看電視、看報紙、做家事，雖然也有事做，但閒下來時就會胡思亂想，腦筋也愈來愈鈍，來大同福樂學堂之前還不知道有這種讓老人上學的地方，來這裡之後認識好多人，跟同學一起上課、聊天，時間過得很快，現在她每天都很快樂呢！

｜媽媽陀螺　生活從不缺席｜

傅耀威心目中的媽媽傅廖秋蘭一直就是每天像個陀螺般從早忙到晚，幾乎都只睡 4、5 個小時，為了家人的健康，堅持自己

煮三餐，即使上了國中後，每天仍親送便當到學校，對這樣的媽媽傅耀威心存感激和尊敬；而面對現在罹患失智症的媽媽，傅耀威以回報母恩的心情來陪伴媽媽。

傅廖秋蘭在 20 歲時從雲林嫁到高雄後，就幫忙先生從事舶來品生意、在家裡照顧小孩，並負責向跑船回來的船員們收貨，每天在家工作，也能照顧 4 個兒子。傅耀威說，家裡每天往來很多人，媽媽要收貨、整理貨、記帳等等，生意非常忙碌，但白天又要照顧兒子，使得她只能利用晚上他們兄弟都睡著後才能再做家事，上床睡覺的時間也都已經半夜 1、2 點，這樣的日復一日幾十年，也許媽媽的失智就是這樣來的吧？！

傅耀威記憶中媽媽一直都在他們身邊，父母努力工作也讓他們小時候的生活過得比別人好，而且父母的個性都很溫和，印象中真的拿起棍子來教訓他們兄弟的次數沒幾次，父母間相處也很融洽，除了性急的媽媽與生活規律而緩慢的爸爸在生意上某些看法不一樣時，爸爸會對媽媽吼叫幾聲外，家庭很是和樂，爸爸也是很疼媽媽。

來自農家的傅廖秋蘭一直都很勤奮工作賺錢，傅耀威以媽媽真的很辛苦、很不簡單來下註解，沒有所謂退休的傅廖秋蘭一路幫忙先生生意，直到大 17 歲的先生在 2001 年生病，傅廖秋蘭需要分心照顧先生，再加上舶來品生意漸漸式微，生意才慢慢萎縮。但停不下來的傅廖秋蘭即使在 2004 年先生過世後，她仍然

在做生意，只是
對象大概就是親
友和鄰居，當親
友和鄰居們有需
求時，才跟船員
們收貨，規模已
不復以往。

傅廖秋蘭的失
智症狀在 3 年前出
現，傅耀威回想當時媽
媽記憶力不好，很多事情記不
住，一開始他們以為是因為年輕
時很忙，現在生意沒那麼好，再加上爸
爸過世，時間變得比較多，一下子閒下 ┃ 傅廖秋蘭與兒子廖耀威開心合影
來才會這樣，到醫院檢查也只是說老年退化，並沒有提到失智
症。直到前年 8 月車禍受傷在家休養，發現除了記憶力不好
外，還會重複詢問事情，緊急到高醫就診，並確認是失智症。

一向精明幹練的媽媽罹患失智症，家人實在很難接受，尤
其是傅耀威的太太。傅耀威說，與太太在高中時期就認識，這
幾十年來媽媽的情況太太一直都清楚，婆媳之間一開始同住時
磨合過一段時間，兩人關係愈來愈好，媽媽的幹練和辛苦，太

太也都看在眼裡，如今因為失智而有一些狀況發生，太太是心疼的，但某些時候卻又是嚴厲的。矛盾的心情傅耀威能夠理解，也只能在婆媳摩擦中當和事佬，但太太願意任勞任怨與失智的媽媽同住並協助照顧，傅耀威相當感恩，也說是媽媽的福報。

傅廖秋蘭是自我要求很高的人，也算是急性子的人，即使失智後仍然堅持自己買菜、煮飯。她曾說，每天煮好飯，讓兒媳回家可以吃到熱騰騰的飯菜，兒媳也都很感謝她。傅耀威說，媽媽煮飯一來是閒不下來，這幾十年來也做習慣了，再者也是藉由煮飯而感受自己的存在價值，他也因此會盡量回家吃晚餐，但隨著

傅廖秋蘭創作作品

廖耀威接送母親傅廖秋蘭下課

因為失智而漸漸比較不在意清潔等問題，太太已經逐漸接掌了廚房。

在媽媽失智症確診後，傅耀威就開始尋找可以不讓媽媽只待在家裡，能夠繼續社交及不讓病情惡化的機構，在醫生建議下來到大同福樂學堂，發現大同福樂學堂的工作人員都很好，也很專業，再加上課程互動性高，所以決定送媽媽到大同福樂學堂，隨遇而安的媽媽也不排斥。在上過近 1 年的課之後，媽媽現在是早上時間一到就讓傅耀威送到大同福樂學堂，每到週末，還會說，一週又過了，時間真的過好快啊！可以確定媽媽在大同福樂學堂裡是過得很快樂的。

媽媽能在大同福樂學堂快快樂樂的，讓傅耀威也相當安心，他說，大同福樂學堂降低他們在照護上的困擾，讓他們能夠有喘息的時間，他知道失智是不可逆的，只能透過不斷的刺激和社交延緩惡化，現在媽媽至少還沒有退化到會走失或是情緒失控的狀況，他只希望在這段時間能盡量陪著媽媽，就像小時候媽媽雖然忙碌卻也一直都在他的身旁一樣。

兒子廖耀威

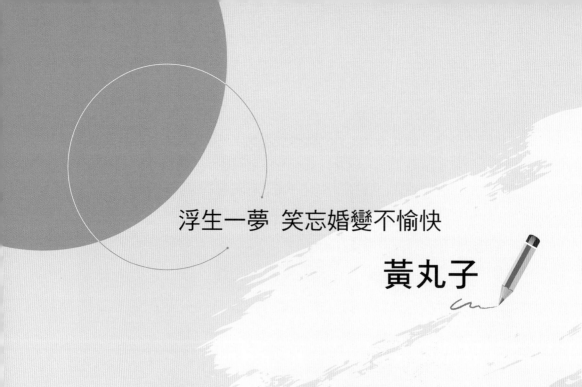

浮生一夢 笑忘婚變不愉快

黃丸子

聲音宏亮，每天總是笑咪咪的黃丸子有一段失敗的婚姻，然而在罹患失智症後，回憶起背叛她的先生反而是處處好處。認為先生老實、對她很好，雖然交了別的女朋友，但不要去想就好了。自己有財產、小孩在身邊、親戚朋友往來很親密，這樣的人生就滿足了。

　　今年 80 歲的黃丸子，對外都說自己今年才 18 歲，每天都打扮得光鮮亮麗，她說自己從小就「肖格格」，因為父親早逝，母親娘家經營布莊，在父親過世後，母親與朋友也一起賣布、做衣服，從小總是每天把她打扮得很漂亮，讓黃丸子在學校裡總能引起注目，而她也樂在其中，每天總是像走秀般展現自己。

　　黃丸子與先生是國小同學，她說，小時候住台南安平，與先生家隔著一條運河，她家這頭算是都市，而先生家在那頭則是鄉下，先生家在安平有很大的魚塭和農地，算是有錢的土財主。小時候兩人就很要好，但當時是兩小無猜，並不是一路從小戀愛到結婚。

　　黃丸子在小學畢業後，因為表哥娶了台南豪門第二代，她便被表哥聘請到台北掌管家務，偶而放假才回到台南。在一次的小學同學會中與先生再次相遇，兩人才開始談戀愛，黃丸子開玩笑說，先生長得一表人才，家裡有錢又有地，所以就嫁了，講完自己也哈哈大笑。

　　黃丸子在先生家族中算是來自都市的媳婦，但她仍跟其他的

黃丸子彩繪書包

妯娌一樣，捲起袖子種田、養魚。黃丸子回憶說，剛嫁過去全家人都在看這個來自都市的媳婦到底能做什麼事？不服輸的她不想讓人看不起，努力的學作農事和漁事，又因為樂觀又幽默的個性，一下子就讓全家人喜歡這個都市媳婦。

　　黃丸子笑說，自己是一個很好談心聊天的對象，20 歲嫁過去，與年齡差不多的姪女很有話聊，兩人可以在採果時，邊走邊聊到其他人已經來回好幾趟，但她們仍停留在原地。因為親和力這麼高，讓黃丸子和先生即使搬到高雄後仍然是鄉下親戚的依靠，舉凡姪兒、姪女在高雄的工作、相親對象等等，鄉下的回應都是先帶給嬸嬸看、先問過嬸嬸，只要嬸嬸點頭一切都可以。

　　黃丸子嫁給先生 2 年後，擔任警察的先生調任到高雄，舉家就遷

居高雄，原本在家相夫教子，生活過得平順快樂，卻因為一個第三者的介入而讓快樂的家庭破碎。黃丸子不太願意提及這傷心往事，似乎也想忘記這件事，當提到時，她也只是淡淡的說，先生被人騙走，他要去跟誰交往也管不著，一開始也是會生氣、會吵架，但先生家族的人都挺她、疼她，再加上財產、孩子都在她身邊，久了也不想計較了，先生對她還是很好、很體貼的。

也許因為婚姻並不美滿，讓黃丸子每天都開玩笑說自己有 20 多個男朋友，當整型外科醫生的小兒子有一天跟她說要幫她拉皮，她還大力拒絕說，免啦！我這樣皺皺的臉都有 20 多個男朋友，萬一拉皮後變 40 多個就太麻煩了。為了探知黃丸子每天口中的男朋友到底是不是真有其人，社工鍾燕惠在她的

▌母親節康乃馨花朵製作

藝術課程中就要黃丸子畫出男朋友的畫像，沒想到黃丸子想都不想，直接大筆一揮就畫出了一個頭髮中分、臉頰瘦削、眼尾略微下垂的男子形象。經黃丸子的大女兒林淑櫻鑑定一看，原來多少有爸爸的影子存在，因為爸爸的眼尾就是略有下垂！

黃丸子姓黃，所以她也特別喜歡黃色，在她的作品中幾乎都有黃色，像是畫出先生鄉下大大的房子，就是紅黃色；在紙花作品中，也是有著大大朵的黃花。黃丸子說，黃色看起來就很舒服，以前她就愛東畫畫西畫畫，所以老師要求她畫圖、捏黏土，對她來說都是小事，而且下筆、下手都很快，也都有模有樣。

黃丸子到大同福樂學堂前，原本因為獨居而導致失智的情況一直無法有效改善，在女兒林淑櫻將她接回家同住，並到大同福樂學堂後，情況改善不少，爽朗的個性很得人緣，也常為學員打抱不平，看到學員的情況有異，也會主動告知照服員或協助同學。她說，大同福樂學堂很好玩，同學好多，每天都會期待來到大同福樂學堂跟同學一起上課聊天，像是回到小時候上學一樣，非常開心。

| 不因往事困擾　既喜也憂感慨萬千 |

林淑櫻每每說到媽媽黃丸子語氣總是充滿了不捨與疼惜，失智的媽媽忘記了過去爸爸辜負她的事情，只記得爸爸的好，也許不錯，但卻也同時忘記過去她所堅持的事情。像是以往如果沒有

化妝絕不會出門，現在連素顏都不在乎了；以往一天可以洗上 3 次澡，現在卻懶得洗，失智帶來的轉變，讓林淑櫻深深感到恐懼。

　　林淑櫻說，外公是船長，和外婆結婚後卻一直生不出孩子，因此收養了一個兒子，之後才生下媽媽黃丸子。為了能夠再生個兒子，給媽媽取名為丸子，也真的順利再生下 1 子 1 女。不過，在生下最小的阿姨不久，外公就過世了，小阿姨因此被認為是不吉利的小孩，出生不久便出養給別人。雖然外公早逝，但外婆娘家經營布莊，經濟狀況很不錯，在外公過世後，外婆便和一位朋友共同賣布、做衣服來養家，也因此，雖然很小就沒有爸爸，但媽媽黃丸子並沒有吃什麼苦，個性很是爽朗幽默，也很容易親近。

黃丸子創作作品

黃丸子一直強調自己是都市人嫁到鄉下人家，林淑櫻解釋說，媽媽故鄉在台南安平，與爸爸不僅是同鄉，也是小學同學。媽媽在小學畢業後，曾有近4年的時間在安平港賣船票，而後因為表哥娶了台南豪門的第二代女兒，為了能夠有信任的人協助處理家務，便把黃丸子帶到台北，直到結婚前，她都是住在台北，說是都市人一點也不為過。

　　林淑櫻說，父母結婚後僅在台南待了兩年便搬到高雄工作、定居，當時媽媽在家照顧小孩，撐持家務。爸爸則是當警察，爸爸是一個很細心的人，也很愛媽媽，家裡有一本相簿，是爸爸親手整理他和媽媽的婚禮相片，以及4個孩子成長的過程。在爸爸的小三還沒出現前，他們曾是一個相當美滿和樂的家庭。

　　林淑櫻說，爸爸是個很有女人緣的男人，小三是相當有心機刻意接近爸爸，在家人發現爸爸竟然在外面交女朋友時，群起阻止爸爸，不僅兩個姑姑跟爸爸大吵，表哥更是隨時通風報信。媽媽一開始時也是傷心欲絕，生氣吵架，也曾想不開，更去求神問卜，求符水給爸爸喝，但都抵擋不住外面的小三，心死的媽媽再也不吵，雖仍跟爸爸一起住，但已形同陌路。而後她帶媽媽長住日本，在最小的弟弟結婚後，父母才簽字離婚。

　　黃丸子年輕時曾經為先生的不忠而傷心欲絕，但老來失智後卻忘記大多數的傷心事，甚至會跟林淑櫻訴說自己的老公有多帥、對她有多好，自己現在有很多男朋友等等。看到這樣的媽

女兒林淑櫻陪黃丸子散步

媽，林淑櫻苦笑說，也許潛意識媽媽就是想忘記這傷心的往事，也沒什麼不好，而爸爸本來就是個慷慨樂於分享的人，也是個熱情的人，雖然後來因為出軌而讓家人不甚諒解，但隨著爸爸的過世，一切的不愉快也都過去了。

原本獨居的黃丸子，在確定罹患失智症後，林淑櫻在去年曾把她接回家同住，住了一年多以後，因為要給媽媽更好的照顧，也讓林淑櫻能專心於事業，黃丸子近來又回到位於林淑櫻同社區隔壁棟的房子，由弟弟聘請一位從傍晚陪伴媽媽到隔天早上的台灣籍看護，白天則仍繼續在大同福樂學堂上課。林淑櫻說，失智

讓媽媽彷彿又回到小孩時期，很自我、活在自己的世界裡，情緒也多有起伏，但她仍慶幸，在過去這 1 年多的時間裡，她有機會近距離的陪伴在媽媽的身邊，照顧媽媽，不至於讓她以後會感到懊悔。

林淑櫻說，失智之後的媽媽忘了很多不愉快，卻同樣也忘了很多的堅持，以往因為長住日本，對自己的外貌打扮非常在意，不化妝、穿著整齊是絕不會出門，但現在卻是素顏也不在乎，也許這可以解釋失智的媽媽對很多事情都已然釋懷，但卻也令人恐懼。現在她也會時時警惕自己，不要讓自己壓力太大，不要為太多事情操煩，保持愉快的心情和健康的身體，不讓失智上身。

▌女兒林淑櫻陪黃丸子植栽

神奇多變的學習領導師

鍾燕惠

　　大同福樂學堂腦力活化課程的主要帶動老師是社工鍾燕惠，平常就相當熟悉所有學堂學員狀況的鍾燕惠，在授課時不怕學員們做錯、做不好，只怕學員不肯做。鍾燕惠說，每位學員的生活背景、教育程度各有不同，針對不同個性的學員需給予個別化引導，需要個別化處遇循循善誘，用各自可以接受的方式讓學員願意融入課程中，是最重要的。

　　腦力活化課程的內容相當多元，為了要讓學員在課程中能夠動腦、動手、動腳，在課程規劃上有數字的訓練、有圖像的辨識、寫毛筆字和烹飪等等。其中，藝術課程最受學員喜歡，藉由各種應景主題、懷舊回想，讓學員動手剪貼、拿彩色筆畫圖、用

小小的綠、紅豆黏貼字型等等，藉由練習讓學員訓練手部精細動作，並喚起以往的生活技能。

鍾燕惠說，課程安排最重要是與日常生活互相結合，引發學員的共鳴，他們才會願意更動手做。以懷舊的課程——「我的家」為例，先跟學員們聊小時候住的房子，對小時候記憶都深刻的學員們，就開始會七嘴八舌聊聊小時候住在鄉下情景，鄉下房子很大，多是三合院、四合院，又是紅磚房屋，還有廁所在房子外面的，半夜摸黑上廁所都很怕會看到鬼，聊著聊著就動手把印象中的老家描繪出來，許多學員不只畫房子，房子旁的小樹、水溝、小河及階梯等都畫了出來。

與生活結合的課程才能引起學員的共鳴，鍾燕惠上課時的態度是以成人方式對待學員，讓學員們感受到尊重，而非像是對待小孩一樣的方式。同時，也要眼觀四方、耳聽八方，注意每位學員的反應，給予同等的重視和機會。學員們在上課時的反應相當活躍，常常舉手要應答，也會有競爭心態，鍾燕惠對此都給予同樣的表現機會，答對肯定，答錯則引導，通常在引導後，做錯的都會即時更正，答對後的肯定與更正的稱讚，常常讓學員可以開心好久。

對鍾燕惠來說，不怕學員們做不好、做錯，最怕他們不動手做，有時候照服員比學員們更急，見學員不動手或做錯會忍不住想動手協助，鍾燕惠都會阻止，給予學員充分融入的時間，更會

以幽默風趣的方式讓學員們放鬆。鍾燕惠常說，給阿公、阿嬤們多一些等待時間，一旦開啟長輩的思緒，他們動起來的時候就會欲罷不能。

很多人認為失智症患者就什麼都忘記，什麼都不會，鍾燕惠認為這是對失智症患者的不瞭解，其實失智症患者有很多的生活技能並沒有遺忘，常常是因為家人的擔心安全問題而阻止他們接觸或嘗

▌神奇多變的學習領導師鍾燕惠

試，最後導致長輩們真的遺忘了。只要給他們安全的環境及看顧，拿剪刀剪貼、拿菜刀切菜、開瓦斯爐炒菜等等，他們都可以做得很好。

在一次次上課引導後，學員們的變化讓鍾燕惠驚訝，像是受高等教育的林阿嬤，謹慎老闆娘的個性讓她一開始只願意坐著看別人動手，鍾燕惠不斷地鼓勵引導，再加上學員們的呼喚，讓她幾堂課過後便也跟著做，而且一做不可收拾，成品都相當優秀。

年輕時做舶來品生意，也是忙碌老闆娘的傅廖秋蘭，一開始到大同福樂學堂反應並不是很好，可能是年輕只忙於工作，對於課程內容大多沒有接觸過而缺乏自信心，也不願輕易嘗試。鍾燕惠一直鼓勵，帶著動手做，幾次之後，傅廖秋蘭也能自己動手操作，由作品中發現，因為年輕就做舶來品生意，也有多次出國經驗，看過世面的生活讓她的作品色彩繽紛，排列也很有邏輯性，都是經過仔細思考後的作品，相當突出。

　　學員們每次的創作總是寫上自己的座號和名字，就變成神聖不可侵犯，大家各自將作品保護的很好，於是鍾燕惠就想，如果讓他們以一桌一桌團隊的方式來創作，會是什麼情形？所以她就嘗試用吸管剪出並排列「大同福樂學堂」，讓學員們自己分工，結果各桌都交出相當好的作品，且過程中完全沒有爭吵。

　　鍾燕惠說，團體合作的課程裡，像翁一峰平常就主導性比較強，該桌就推派他出來分配工作，不論是剪吸管、塗漿糊、黏貼等，都能井然有序；裁縫老師等級的范殷秀錦更能夠指導同學連吸管彎曲處都可以精準剪出來；就連症狀較為嚴重的學員也能在引導下，剪出精確的長度。每桌交出來的作品不僅非常漂亮，翁一峰、范殷秀錦兩桌更交出兩份作品，一整個團體課程的嘗試讓人相當驚豔，如今這些共同創作的作品都高高掛在教室裡讓大家欣賞。

　　雖然給予安全的環境和安全的材料對失智症患者來說非常重

要，鍾燕惠也曾有嘗試失敗的時候。她說，有一次課程是讓學員們捏黏土，主題是海裡的動物，當多數學員都很熱烈在討論虱目魚、海星、烏龜、章魚時，就有幾位學員看著白白的黏土以為是年糕，捏了一口就要往下吞，嚇得照服員們緊急阻止，而後整堂課照服員和鍾燕惠更是全程緊盯，不讓學員們被白白的黏土欺騙。鍾燕惠大呼，不經一事不長一智，自此之後所有可能會讓學員們聯想到食物的材料完全禁止在大同福樂學堂的課堂上出現。

在一年多的課程訓練下來後，鍾燕惠強調，很多人都認為失智者就什麼都忘記，做什麼都不行，家人更因為擔心危險而把所有事情做的好好的，導致了惡性循環。然而，失智者並非什麼都不能做，往日的生活技能也沒有真正的遺忘，再次提醒、嘗試，給予他們安全的環境，他們都可以做得很好，有時候過度的保護反而導致失智的惡化。給予長輩多一點等待的時間，他們會做得更好的。

▌鍾燕惠（左一）總是學員的開心果

大同福樂學堂工作團隊，左起陳明美、黃佳惠、鍾燕惠、汝良渝、黃秀梅

大同福樂學堂工作團隊，左起黃佳惠、陳明美、汝良渝、黃秀梅、鍾燕惠

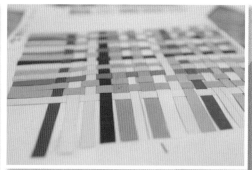
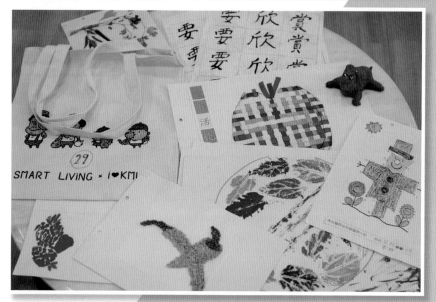

家民作品

大同福樂學堂新年拜年活動

光和日照大同：老幼共學的大同福樂學堂

吳文正等著
定價 350 元

　　老年人口增加和少子化的社會結構變化，讓老人照護機構需求增加，而學校閒置空間也愈來愈多，一增一減的空間需求，成為政府部門亟應重視的問題。

　　高雄市邁全國之先，於 2016 年 8 月由高醫體系接受委託經營的高雄市立大同醫院利用鄰近的大同國小閒置教室設立大同福樂學堂日照中心，並以老少共學為目標，成功的模式將可作為其他各縣市參考典範。

作者
吳文正、吳登強、羅永欽、陳芳銘、陳益良、陳麗琴、楊淵韓、陳天文、戴書郁、黃建民、黃仲平、謝文蒨、葉娜慧、雷蕾

國家圖書館出版品預行編目（CIP）資料

妙手畫・話人生：大同福樂學堂家民生活素描 /
吳文正等著. -- 初版. -- 高雄市：巨流, 2018.04
面；　公分. --（大同日照叢書；2）
ISBN 978-957-732-566-2(平裝)

1.老人養護 2.日間照護 3.文集

544.8507   107005735

大同日照叢書 02

妙手畫・話人生：
大同福樂學堂家民生活素描

作　　　者	吳文正、吳登強、羅永欽、陳芳銘、陳益良、陳麗琴、楊淵韓、 陳天文、戴書郁、黃建民、黃仲平、謝文蒨、雷　蕾、蔡秋瑾、 葉娜慧
執 行 編 輯	雷蕾
美 編 設 計	黃士豪
發 行 人	楊曉華
總 編 輯	蔡國彬
出　　　版	巨流圖書股份有限公司 80252高雄市苓雅區五福一路57號2樓之2 電話：07-2265267 傳真：07-2233073 e-mail: chuliu@liwen.com.tw 網址：http://www.liwen.com.tw
編 輯 部	23445新北市永和區秀朗路一段41號 電話：02-29229075 傳真：02-29220464
郵 撥 帳 號	01002323 巨流圖書股份有限公司
法 律 顧 問	林廷隆律師 電話：02-29658212
出版登記證	局版台業字第1045號

ISBN　978-957-732-566-2（平裝）
初版一刷　2018 年 04 月　初版二刷　2018 年 11 月

定價：320 元